Friederun Reichenstetter | Tina Schulte

Das ganze Jahr ist was los

365 Ideen zum Lesen, Spielen, Basteln und Raten

Sauerländer

Inhalt

Januar

Neujahr

1. Januar Heute ist der erste Tag im neuen Jahr. Schon ab Mitternacht wird er fast überall mit Glockenläuten und Böllerschüssen begrüßt. Die Menschen wünschen sich gegenseitig alles Gute für die nächsten zwölf Monate. Die meisten nehmen sich vor, dass sie im neuen Jahr vieles besser machen als im alten. Der kleine Max hat sich fest vorgenommen, nicht dauernd mit seiner Schwester Mira zu streiten. Und Mira will nicht immer meckern, wenn sie Mama oder Papa helfen soll. Ob sie das schaffen? Genau wissen sie es erst dann, wenn das neue Jahr zu Ende ist, in 365 Tagen.

Was ist im Januar alles los?

2. Januar Der Januar ist ein richtiger Wintermonat. Wenn es schneit, kannst du mit dem Schlitten Hügel hinuntersausen, Ski oder Snowboard fahren oder Schlittschuh laufen. Am 6. Januar kommen die Heiligen Drei Könige, die Sternsinger und die böse Hexe Perchta. Aber bis dahin dauert es noch ein bisschen.

Winterspiele

3. Januar Im Winter kannst du Schneemänner und Schneehäuser bauen oder Schlitten fahren. Dein Schneemann freut sich aber auch über eine nette Schneefrau und ein Schneekind. Versuch mal, mit Schneebällen dem Schneemann den Hut vom Kopf zu schießen. Wem es mit den wenigsten Schneebällen gelingt, hat gewonnen.

Die Geschichte vom Schneemann

Es war einmal ein wunderschöner Schneemann. Der hatte einen kugelrunden Bauch, einen kugelrunden Kopf und eine spitze Karotte als Nase. Auf dem Kopf trug er einen alten Hut. Und auf den setzten sich ganz besonders gern die Vögel und ruhten sich aus.

Eines Tages kam eine Meise. „Guten Tag", sagte sie. „Schön, dass es dich noch gibt." Dann flog sie weiter. „Was sie wohl gemeint hat?", überlegte sich der Schneemann. „Warum soll es mich denn nicht mehr geben?"

Kurz darauf kam eine Krähe. „Krah, krah", krächzte sie. „Irgendwie fühlen sich meine Krallen heute so komisch an. Ich glaube, es wird wärmer. Pass also auf dich auf." Weg war sie. „Was die Krähe wohl damit sagen wollte?", überlegte der Schneemann.

Aber lang konnte er nicht über die Worte der Krähe nachdenken, weil eine Maus des Weges kam. „Ist das ein stürmisches Wetter heute! Ich wäre fast fortgeblasen worden", jammerte sie. „Gut, dass es dich noch gibt. Dein dicker Bauch schützt mich vor dem Wind."

„Warum soll es mich denn nicht mehr geben?", fragte der Schneemann.

„Du schmilzt, wenn es warm wird", sagte die Maus. „Darum. Und dann bist du einfach nicht mehr da."

„Wie schrecklich", sagte der Schneemann. Und weil gerade die Mittags-sonne auf seinen Kopf schien, rollten zwei dicke Tränen über seine Backen. „Ich will aber nicht schmelzen! Dann will ich viel lieber eine Maus oder ein Vogel sein. Die schmelzen nicht."

„Frag heute Nacht mal die Eule", schlug die Maus vor. „Angeblich weiß die al-les. Vielleicht weiß sie ja auch, was du tun kannst, damit du ein Schneemann bleibst."

Nachts setzte sich die Eule auf den Hut des Schneemanns. „Guten Abend", begrüßte sie der Schneemann. „Man hat mir gesagt, dass du fast alles weißt."

„Mach schon!", schnarrte die Eule. „Sag, was du willst. Ich muss weiter."

„Was kann ich tun, damit ich eine Maus oder ein Vogel werde? Ich möchte nämlich nicht schmelzen."

„Eine Maus oder ein Vogel wirst du nie", antwortete die Eule.

„Aber du hast es doch sowieso viel besser als wir.

Was passiert denn, wenn du schmilzt?"

„Aus mir wird Wasser", heulte der Schneemann.

„Genau", bestätigte die Eule. „Aber das Wasser verdunstet und steigt als Wolke in die Höhe."

„Und dann?", fragte der Schneemann. Eine Wolke zu sein, fand er gar nicht mehr so schlimm.

„Wenn es im nächsten Winter kalt wird, werden die Regenwolken zu Schneewolken. Der Schnee fällt wieder auf die Erde, auch in diesen Garten …"

„ - und schon bin ich wieder da!", jubelte der Schneemann. „Ein nagelneu gerollter Schneemann."

„Genau." Die Eule schlug mit den Flügeln. „Bis zum nächsten Mal." Sie erhob sich und segelte davon.

Die Schnee-Eule

5. Januar Schnee-Eulen gibt es tatsächlich. Sie leben im Norden unserer Erde, dort, wo es die meiste Zeit kalt ist und auch im Sommer nur für kurze Zeit warm wird. Schnee-Eulen sind größer als unsere Eulen. Sie haben ein weißes Federkleid mit dunkelgrauen Tupfen und ein weißes Gesicht, aus dem nur die kleinen, dunklen Augen und der Schnabel hervorstechen. Ihre Krallenfüße sind mit kleinen Federn überzogen, damit sie warm bleiben und nicht im Schnee versinken.

Schnee-Eulen bauen ihr Nest auf dem Boden, denn da, wo sie leben, ist es so kalt, dass keine Bäume wachsen können. Die Schnee-Eulen sind gute Jäger, fressen gerne Lemminge, Mäuse und andere kleine Tiere. Im Winter müssen sie manchmal einen ganzen Monat hungern. Dann sitzen sie an windgeschützten Plätzen und rühren sich nicht von der Stelle, damit sie so wenig Wärme wie möglich verlieren.

Wenn im Sommer die kleinen Eulen aus dem Ei schlüpfen, heißt es, schnell groß und selbstständig zu werden. Denn sehr bald kommt der nächste Winter, und den müssen sie ganz allein und ohne Hilfe überstehen.

Die Heiligen Drei Könige

Heute wird das Fest der Heiligen Drei Könige gefeiert. Vor vielen hundert Jahren sind drei Sterndeuter aus dem Morgenland einem hellen Stern am Himmel gefolgt. Dieser Stern, da waren sie sich sicher, bedeutete etwas ganz Besonderes. Das Kostbarste, was es damals gab – Weihrauch, Myrrhe und Gold – nahmen sie auf ihrer Reise durch die Wüste mit. Der Stern hat die drei nach Bethlehem geführt. Dort haben sie das Christkind gefunden und ihm ihre Geschenke gebracht. Inzwischen werden diese Sterndeuter die Heiligen Drei Könige Caspar, Melchior und Balthasar aus dem Morgenland genannt. In Erinnerung an sie ziehen heute Sternsinger von Tür zu Tür und schreiben C + M + B an jedes Haus. Das heißt „Christus mansionem benedicat": „Christus segne dieses Haus".

Im Gebirge vertreiben die böse Hexe Perchta und andere Gestalten mit fürchterlichem Lärm den Winter. Da läuten dann Kuhglocken, rasseln Ketten, zischen Ruten durch die Luft. Aber keine Angst! In Wirklichkeit sind das nur Leute aus der Nachbarschaft oder aus dem nächsten Dorf, die Spaß machen.

Gedicht von den Heiligen Drei Königen

Die Heiligen Drei Könige hatten es schwer,
sie kamen von weit aus der Ferne daher.
Der Weg war lang und voll Gefahr
für Kaspar, Melchior und Balthasar.

Sie wanderten durch Wüstenländer
und ihre prächtigen Gewänder,
zuerst so herrlich aufgeputzt,
warn bald zerrissen und staubbeschmutzt.

Am Tage liefen sie sich Blasen,
des Nachts, da froren ihre Nasen.
Auch sahen sie sehr oft im Dunkeln
verschiedne Raubtieraugen funkeln.

Ein Glück, dass sie die Krippe fanden,
vor der sie voller Freunde standen.
Da war vergessen alle Müh –
andächtig beugten sie die Knie.

Rosemarie Künzler-Behncke

Schneevogel

8. Januar Leg dich in frischen, noch nicht zertrampelten Schnee, Beine zusammen, Arme am Körper. Jetzt grätschst du langsam die Beine und schiebst gleichzeitig die Arme seitlich nach oben. Dann gehst du wieder in die Ausgangsstellung zurück. Wenn du jetzt vorsichtig aufstehst, siehst du einen wunderbaren Abdruck eines Adlers im Schnee, mit großen Flügeln und breitem Federschwanz. Wer den schönsten Vogel in den Schnee drückt, gewinnt.

Gedicht vom Schneehaus

9. Januar Ich baue mir ein kleines Haus
aus weißem, kaltem Schnee.
Mit meinem neuen Spaten,
die Hand tut mir schon weh.
Dann gehe ich zu meiner Katz'
und sage: „Wohn bei mir.
Der Nachbarshund kann nicht herein.
Ein Schloss ist an der Tür."

Weißt du, was ein Iglu ist?

10. Januar Aus Schnee kann man nicht nur Schneemänner bauen, sondern auch Häuser aus Eis und Schnee. Die nennt man Iglus. Darin wohnten früher die Inuit, ein Volk im Norden, dort, wo es meistens ziemlich kalt ist. Heute wohnen die Inuit in Häusern, so wie wir sie kennen.

Für ein Iglu werden Eisblöcke so ausgesägt, dass sie zusammengesetzt eine kreisrunde Hütte ergeben. In solchen Eishütten wird es kaum wärmer als sieben Grad. Das ist ungefähr so kalt wie im Kühlschrank. Sehr gemütlich ist das zwar nicht, aber doch viel besser, als bei bitterer Kälte draußen in der Polarnacht zu sitzen.

11. Januar

Fragen über Fragen – kannst du sie beantworten?

Kommt der Pinguin am Sonntag
schick im Frack daher?
Herrscht Getümmel, herrscht Gedränge
oder Linksverkehr?

Liebt der Eisbär Rodelbahnen?
Rutscht er auf dem Bauch?
Oder ist das Schlittenfahren
eher Eisbärbrauch?

Träumt die Schnee-Eule ganz selig
nachts von Schokoeis?
Oder kennt sie keine Farben
und denkt nur in Weiß?

Das sind Fragen über Fragen.
Kennt sie nur der Wind?
Dazu kann ich gar nichts sagen.
Frag doch mal ein Kind.

Regina Schwarz

Rätsel

In der Luft, da fliegt's.
Auf der Erde liegt's.
Auf dem Baum da sitzt's.
In der Hand da schmilzt's.
Auf dem Ofen zerläuft's.
Im Wasser ersäuft's.
Wer gescheit ist, begreift's!

Der Schnee

Im Frühling erquick ich dich.
Im Sommer kühle ich dich.
Im Herbst ernähre ich dich.
Im Winter wärme ich dich.

Der Baum

12. Januar

Witztag

Der kleine Jan hustet ganz schrecklich. Fragt die Mama besorgt:
„Kind, hast du dich verschluckt?"
„Nein!" Jan schüttelt den Kopf. „Ich bin doch noch da."

13. Januar

Jakob kommt wieder einmal unfrisiert in die Schule.
„Kannst du dich nicht kämmen!", fährt ihn die Lehrerin an.
„Hab keinen Kamm", antwortet Jakob.
„Dann nimm den von deinem Vater."
„Der hat keine Haare", entgegnet Jakob.

14. Januar

Singspiel

Jetzt steigt der Hampelmann,
jetzt steigt der Hampelmann,
aus seinem Bett heraus.
Refrain: Oh, du mein Hampelmann,
oh, du mein Hampelmann,
mein Hampelmann bist du.

Jetzt zieht der Hampelmann
sich warme Hosen (Jacke, Schuhe,
Handschuhe, Mütze, Schal) an.
Refrain
Dann läuft der Hampelmann
in den kalten Schnee hinaus.
Refrain

So geht's: Ihr macht einen Kreis. Der Hampelmann steht in der Mitte. Bei „Oh, du mein Hampelmann" grätscht ihr die Beine, streckt die Arme zur Seite, springt hoch, bringt die Beine zusammen und klatscht über dem Kopf in die Hände.

Schneemann aus Salzteig

15. Januar

**Du brauchst:
2 Tassen Mehl,
1 Tasse Salz,
Wasser,
Plakafarben**

Mische Mehl mit Wasser und Salz, gieße langsam Wasser zu und rühre dabei. Wenn sich der Salzteig vom Schüsselrand löst, knetest du den Teig auf einem Brett, bis er geschmeidig ist. Deine Handflächen müssen immer etwas mehlig sein, sonst klebt der Teig fest. Forme jetzt Schneemänner: dicke und dünne, mit langer oder kurzer Nase, mit Zipfelmütze oder mit Hut. Lege sie dann auf ein Blech und bitte einen Erwachsenen, sie zu backen. Bei 80 Grad 30 bis 60 Minuten, die letzten zehn Minuten bei 160 Grad. Je runder dein Schneemann werden soll, desto länger muss er im Ofen bleiben. Male ihm noch einen bunten Hut oder eine Zipfelmütze.

Schneemann-Druck

16. Januar

**Du brauchst:
schwarzes oder
dunkelblaues Tonpapier, 1 Weinkorken,
1 Bleistift,
Fingerfarben**

Male auf ein größeres Stück schwarzes oder dunkelblaues Tonpapier einen Schneemann. Tauche den Korken in weiße Fingerfarbe und drucke innerhalb des aufgezeichneten Schneemanns lauter weiße Kreise mit dem Korken. Das sieht aus, als ob dein Schneemann aus lauter Schneeflocken bestehen würde. Danach kannst du ihm noch einen roten Mund, schwarze Augen und einen Hut aus der Farbe drucken, die dir besonders gefällt.

17. Januar

Die Januar-Geschichte vom Bauernhof

Minz ist eine Katze. Sie hat weiße Ohren und ein kohlrabenschwarzes Gesicht, gelbe Augen und schwarze Pfoten. Sie gehört Susi. Susi ist schon sechs Jahre alt und kommt bald in die Schule.

Pippo ist ein Esel. Er hat ein graues Fell. Und seine langen Ohren sind so weich wie die von Susis Plüschteddy. Pippo gehört Paul. Paul ist der Bruder von Susi. Oft ärgert er sich, dass Susi immer noch größer und stärker ist als er. Kein Wunder, sie ist ja auch ein Jahr älter.

Bobby ist Papas Hund. Er sieht ein bisschen aus wie Minz, nur umgekehrt. Seine Ohren sind schwarz und sein Gesicht ist weiß. Bobby kann laut bellen. Aber wenn es donnert, versteckt er sich ganz schnell unter dem Tisch.

Mama hat weder eine Katze noch einen Esel und auch keinen Hund. Sie hat ein braunes Pferd, das alle wegen seines runden Bauches Dicke nennen. Aber obwohl es dick ist, kann es ganz schön schnell rennen.

Alle zusammen haben sie noch Kühe und Schweine, Hühner und Ziegen mitsamt einem Ziegenbock, der immerzu streiten muss.

Susi sagt, es gibt keinen Platz auf der Welt, wo es so aufregend ist wie hier. Sogar im Winter. So wie jetzt.

„Mama, der Ziegenbock!", ruft Susi und zeigt hinaus auf den Hof. Dort hat Paul einen kleinen Schneemann gebaut. Gerade setzt er ihm noch einen alten Topf auf den Kopf. Darum sieht er auch nicht, dass der Ziegenbock aus der Scheune kommt, Anlauf nimmt und mit gesenkten Hörnern den Schneemann angreift. Der arme Kerl kann sich nicht wehren und fällt sofort um.

Aber da kommt schon Mama mit dem Besen angelaufen und jagt den Ziegenbock in die Scheune zurück. Stolz streckt der seinen Bart in die Luft. Gut gemacht, heißt das, wieder einen Feind zur Strecke gebracht.

Am Nachmittag bauen Paul und Susi einen neuen Schneemann, aber nicht auf dem Hof, sondern hinten im Garten.

DICKE

PIPPO

BOBBY

MINZ

18. Januar

Vier Scherzfragen

Welche Meise kann nicht fliegen?

Die Ameise.

Welches Tier ist dem Wolf
am ähnlichsten?

Die Wölfin.

Warum sieht sich der Hase um,
wenn ihn die Hunde verfolgen?

Weil er hinten keine Augen hat.

Wer braucht nie eine Einkaufstasche?

Die Beutelratte.
Die trägt immer ihre Tasche mit sich.

19. Januar

Unsinnsgedicht zum Auswendiglernen

Abends gießt Herr Nebbich
Kleister auf den Teppich.
Einen Eimer Kleister,
denn so fängt man Geister.
Wenn sie nachts ihr Wesen treiben,
werden sie drauf kleben bleiben.
Dann stehen zum Besichtigen
die Geister da, die richtigen.
Am Morgen war nicht einer
gefangen, auch kein kleiner.

Da war Herr Nebbich böse,
er machte ein Getöse!
„Was? Teufel! Keine Geister!
Schuld ist der schlechte Kleister!"
Zur Probe trat Herr Nebbich
persönlich auf den Teppich.
Jedoch – o wie betrüblich,
der Kleister klebt vorzüglich.

20. Januar

Quiztag – finde die richtige Antwort

Was ist kein Tier?
– Schnee-Eule
– Schneekatze
– Schneehase

Die Schneekatze ist ein Schneeräumgerät,
das auf den Pisten herumfährt.

Was findest du auch im Sommer?
– Schneeball
– Schneemann
– Schneeflocke

Der Schneeball ist auch eine Blume,
die im Frühsommer blüht.

Schneeflockensterne

Das Blatt Papier schneidest du so zurecht, dass es quadratisch wird, also vier gleich lange Seiten hat. Falte das Blatt zu einem Dreieck und dann nochmals zu einem kleineren Dreieck. Nur eine Ecke davon hat zwei Enden. Klappe sie jeweils nach außen, so dass schließlich die Spitzen aufeinanderliegen und ein noch kleineres Dreieck entsteht. Jetzt schneidest du in jede der drei Seiten Kurven und Ecken. Wenn du dann das Dreieck auseinanderfaltest, siehst du, wie schön dein Schneestern geworden ist. Jeder Schneestern, den du machst, wird anders – so wie die wirklichen Schneeflocken auch.

21. Januar

Du brauchst:
weißes, nicht zu
dickes Papier,
1 Schere

Kinderpunsch

Bitte einen Erwachsenen um kochendes Wasser. Das wird über den Teebeutel gegossen, den du vorher in eine Kanne gehängt hast. Den Beutel lässt du ein paar Minuten schwimmen, dann nimmst du ihn heraus und gießt zu dem fertigen Tee ein halbes Glas Orangensaft. Zucker brauchst du keinen mehr, denn der Punsch ist süß genug – und wärmt ganz wunderbar.

22. Januar

Du brauchst:
1 Teebeutel mit
Früchtetee,
1/2 Glas Orangensaft

Wer sieht im Winter anders aus als im Sommer?

Der Polarfuchs lebt dort, wo der Winter noch so richtig kalt ist. Im Sommer, wenn weniger Schnee liegt, hat er ein graubraunes Fell und ist kaum von seiner Umgebung zu unterscheiden. Im Herbst, wenn es wieder kälter wird und Schnee fällt, wachsen ihm weiße Haare. Vor allem die Eisbären und der Vielfraß, die in seiner Nachbarschaft leben, können ihn dann kaum noch entdecken. Zum Glück für ihn! Denn so können sie ihn auch nicht fressen.

23. Januar

Das Märchen von Frau Holle

Eine Witwe hatte zwei Töchter. Die eine war fleißig, die andere faul. Doch die Mutter mochte die faule Tochter viel lieber, und die andere musste alle Arbeit tun. Eines Tages sollte die fleißige Tochter am Brunnen Wasser holen. Sie beugte sich jedoch zu weit über den Brunnenrand und fiel kopfüber hinein.

Als sie wieder zu sich kam, stand sie auf einer schönen, grünen Wiese. Kaum war sie ein paar Schritte gegangen, kam sie zu einem Backofen und hörte, wie das Brot rief: „Nimm mich heraus!" Das machte das Mädchen, nahm das Brot heraus und ging weiter. Nicht weit davon entfernt, stand ein Apfelbaum. „Ach bitte", riefen die Äpfel. „Pflücke uns, wir sind reif!" Da schüttelte das Mädchen den Baum. Schließlich kam es an ein kleines Haus. Eine alte Frau sah aus dem Fenster und bat: „Bleib bei mir. Du wirst es gut bei mir haben. Du musst nur jeden Tag mein Bett so schütteln, dass die Federn fliegen. Dann schneit es auf der Welt. Ich bin nämlich Frau Holle."

Weil die Alte so freundlich war, blieb das Mädchen und hatte es gut bei ihr. Doch nach einer Weile bekam es Heimweh, obwohl es es doch hier viel besser hatte als zuvor bei seiner Mutter und seiner faulen Schwester.

„Ich werde dich vermissen", sagte Frau Holle. „Weil du mir aber so geholfen hast, will ich dir etwas schenken." Sie führte das Mädchen durch ein Tor. Da fiel Gold von oben herab und blieb an ihm hängen.

Kaum war die fleißige Tochter wieder daheim, wollte die faule Tochter auch Gold haben. Darum sprang sie in den Brunnen. Kaum war sie auf der Wiese angekommen, mochte sie weder das Brot aus dem Backofen holen noch die Äpfel pflücken und schon gar nicht für Frau Holle die Betten schütteln. Da schickte Frau Holle das faule Mädchen wieder heim. Und als es durch das Tor ging, wo es zuvor Gold geregnet hatte, kam nur Pech herunter. „Das ist die Belohnung für deine Faulheit", rief Frau Holle hinter ihm her und schloss das Tor fest zu. Da kam die faule Tochter heim, von oben bis unten voll schwarzem Pech, das nie wieder abging.

Weißt du, warum es schneit?

Im Märchen lässt es Frau Holle auf die Erde schneien. In Wirklichkeit bestehen die Wolken aus vielen kleinen Wassertröpfchen. Im Winter, wenn es kälter wird und die Sonne tagsüber nur kurz am Himmel steht, verwandeln sich diese Tröpfchen in kleine sechseckige Kristalle aus Eis. Wenn dann der Boden gefroren ist, können die Schneeflocken, wenn sie vom Himmel fallen, nicht mehr schmelzen. Dann sagen wir: Es schneit.

25. Januar

Wintervers

A B C, die Katze lief im Schnee,
und als sie wieder rauskam,
da hatt' sie weiße Stiefel an.
A B C, die Katze lief im Schnee.

26. Januar

Kicherkissen gegen schlechte Laune

So geht's: Einer legt sich auf den Teppich, der Nächste legt sich so hin, dass sein Kopf auf dem Bauch des Ersten landet. Der nächste Spieler legt sich mit dem Kopf auf den Bauch des zweiten usw. Wenn alle liegen, sagt der erste Spieler laut „Ha" und stößt die Luft so kräftig aus, dass der Kopf des zweiten Spielers wackelt. Die Kette der kurzen Lacher geht von einem Bauch zum andern. Bald kichert ihr nur noch – und die schlechte Laune ist sofort vorbei!

27. Januar

**Du brauchst:
Freunde zum
Mitspielen**

28. Januar

Der Schneemann auf der Straße

Der Schneemann auf der Straße
trägt einen weißen Rock,
hat eine rote Nase
und einen dicken Stock.

Er rührt sich nicht vom Flecke,
auch wenn es stürmt und schneit.
Stumm steht er in der Ecke
zur kalten Winterzeit.

Doch tropft es von den Dächern
im ersten Sonnenschein,
da fängt er an zu laufen,
und niemand holt ihn ein.

Robert Reinick

Weißt du, seit wann es Schlitten gibt?

29. Januar

Schlitten gibt es schon lange. Du weißt ja selbst, wie schwierig es ist, einen Wagen durch den tiefen Schnee zu ziehen. Meistens bleiben die Räder im Schnee stecken. Wenn man aber Kufen mit aufwärts gebogenen Spitzen am Wagen befestigt oder sich Bretter an die Füße schnallt, ist das Ziehen von einem Wagen oder das Laufen kein Problem mehr.

Auch die Indianer in Amerika kannten bereits Schlitten. Auf einem breiten Brett aus Birkenrinde mit hochgezogener Vorderkante zogen sie ihre Kinder und die alten Leute über den Schnee. Einen solchen Schlitten (nur in klein) kannst du dir auch aus Birkenrinde bauen. Setz deine Bären, Puppen oder deine Katze darauf. Die Katze wird allerdings nicht lang darauf sitzen bleiben.

ABC im Januar

30. Januar

Zeichne ein Tier, das mit A anfängt, und schreibe den Buchstaben darüber. Mit B machst Du es genauso. Und damit du dir die ersten Buchstaben des Alphabets gut merken kannst, lern das Buchstabengedicht auswendig.

Ein Abendrot, ein Abendstern:
Das A mag schöne Wörter gern.
Und Butterblume, Blatt und Bett,
die findet B besonders nett.
Regina Schwarz

ABC-Pantomime

31. Januar

**Du brauchst:
mind. 2 Mitspieler.**

Versucht zu zweit einen Buchstaben darzustellen, egal ob mit Armen, Beinen, Fingern oder Zehen. Die andern müssen ihn erraten. Auf jeden Fall ist es sehr lustig, wenn alle Verrenkungen machen.

Februar

Was ist im Februar alles los?

1. Februar

Der Februar ist ein aufregender Monat, denn im Februar wird Fasching gefeiert – manche sagen dazu auch Karneval. Der Februar ist der kürzeste von allen zwölf Monaten im Jahr. Er hat keine 30 oder 31 Tage, sondern nur 28. Alle vier Jahre kommt im Februar ein Tag dazu. Das nennt man dann ein Schaltjahr. So merkst du dir, wie viele Tage jeder Monat hat:

Dreißig Tage hat September,
April, Juni und November.
Februar hat achtundzwanzig.
Nur im Schaltjahr neunundzwanzig.
Alle andern, ohne Frage,
haben einunddreißig Tage.

Christa Holtei

Warum gibt es Schaltjahre?

2. Februar

Immer wenn ein Jahr vergangen ist – nach 365 Tagen – hat unsere Erde die Sonne einmal umrundet. In Wirklichkeit braucht sie noch ungefähr sechs Stunden mehr. In vier Jahren macht das einen ganzen Tag aus, also 24 Stunden. Darum wartet man immer vier Jahre und verlängert dann das Jahr um einen Tag.

Unsinnsgedicht zum Auswendiglernen

3. Februar

Schmierwurst in die Kanne,
Seife in die Pfanne,
Socken an die Hände,
Quark an alle Wände,
Pudding mit Spinat:
Lauter Quatschsalat!

Regina Schwarz

Die Geschichte vom Teich

Anna wacht auf. Sie gähnt und streckt sich – und kuschelt sich nochmals unter ihre warme Decke. Dann aber springt sie schnell aus dem Bett. Draußen vor dem Fenster treibt der Wind die Schneeflocken vor sich her. Wo wohl der Igel, der Maulwurf, die Kröte und das Eichhörnchen im Winter Unterschlupf finden?, überlegt Anna. Sie nimmt sich vor, gleich beim Frühstück Mama und Papa zu fragen.

„Der Igel, der Maulwurf und die Kröte halten Winterschlaf", antwortet Mama, als Anna sie fragt. „Der Igel hat sich unter alten Blättern ein warmes Bett gemacht. Der Maulwurf schlummert in seiner Höhle, und die Kröte unter dem Laubhaufen."

„Und das Eichhörnchen?", fragt Anna.

„Das Eichhörnchen wärmt sich die Pfoten in seinem kugeligen Nest", antwortet Papa.

„Nur die Vögel frieren und müssen sich Futter suchen", seufzt Anna. „Nachher bringe ich ihnen Körner und Nüsse."

Nach dem Frühstück holt Anna die Tüte mit dem Futter und streut sie ins Vogelhäuschen. „Guten Appetit!", ruft sie, bevor sie wieder ins Haus geht.

Vom Fenster aus beobachtet Anna die Vögel. Zuerst kommt ein grüner Fink, dann eine dicke Amsel, gleich danach ein Eichelhäher mit seinen blauen Streifen auf den Flügeln. Den Meisen schmeckt der Meisenknödel besser als die Körner. Kopfüber hängen sie daran.

Langsam werden die Vögel satt und fliegen weiter. Aber was ist denn das? Schnell wie ein roter Blitz verschwindet ein Eichhörnchen im Futterhäuschen. Es setzt sich aufrecht hin, nimmt eine Nuss in die Pfoten, frisst sie, nimmt noch eine zweite und eine dritte. Dann sieht es sich nach allen Seiten um, macht einen Satz, und weg ist es.

Anna öffnet das Fenster und ruft in den Garten hinaus: „Ganz schön schlau, dich einfach an den gedeckten Tisch zu setzen, obwohl du gar nicht eingeladen warst."

Aber das Eichhörnchen ist schon wieder in seinem kugeligen Nest verschwunden und wärmt sich dort die Pfoten.

5. Februar

Lied zum Fasching

Wi-de-wi-de-wen-ne
heißt meine Putthenne.
Kann nicht ruhn, heißt mein Huhn,
Wackelschwanz heißt meine Gans.
Wi-de-wi-de-wen-ne
heißt meine Putthenne.

Wi-de-wi-de-wen-ne …
Ehrenwert heißt mein Pferd,
dicke Muh heißt meine Kuh.
Wi-de-wi-de-wen-ne …

Wi-de-wi-de-wen-ne …
Wettermann heißt mein Hahn,
Kunterbunt heißt mein Hund.
Wi-de-wi-de-wen-ne …

Wi-de-wi-de-wen-ne…
Guckheraus heißt mein Haus,
Schlupfhinaus heißt meine Maus.
Wi-de-wi-de-wen-ne …

Scherzfragen

6. Februar

Wo hat der Großvater den Löffel angefasst? Am Stiel

Welches ist der höflichste Fisch? Der Bückling

Welches ist die gefährlichste Hose? Die Windhose

Welche Augen können nie etwas sehen? Die Hühneraugen

Gibt es etwas, das nie von der Sonne beschienen wird?
Der Schatten

Weißt du, welche Tiere Winterschlaf halten?

Viele kleine Tiere wie Siebenschläfer, Igel oder Haselmäuse finden im Winter nur wenig zu fressen. Sie legen sich keine Wintervorräte zu, von denen sie dann während der kalten Jahreszeit zehren könnten, sondern futtern im Sommer und Herbst so viel wie möglich und verschlafen die kalten Monate in ihrem warmen Nest oder Bau.

Eichhörnchen, Fledermäuse, Hamster, Wühlmäuse, Maulwürfe und andere Tiere wachen im Winter öfter auf. Dann müssen sie auf Futtersuche gehen. Das ist zu dieser Jahreszeit mühsam. Die Schlauen sammeln aber schon im Herbst Vorräte.

7. Februar

Den Frühling entdecken

Manchmal gucken an Hauswänden oder in geschützten Ecken unterm Schnee schon grüne Hälmchen heraus. Es sind die Blattspitzen der Schneeglöckchen und der gelben Winterlinge, die neugierig nach dem Frühling Ausschau halten. Vielleicht sagen die Blumen zueinander: „Ist es schon Frühling? Oder sollen wir mit dem Blühen lieber noch ein bisschen warten?" Schau einmal, ob du diese Frühblüher schon im Garten oder Park entdeckst.

Auch die ersten Zugvögel kommen jetzt wieder aus dem warmen Süden zurück: die Lerchen, die Stare und die Drosseln, die wunderbar singen. Vielleicht hörst du morgen früh, wenn du aufwachst, schon ihr erstes Frühlingslied.

8. Februar

9. Februar

Die Februar-Geschichte vom Bauernhof

Manchmal muss Onkel Adam kommen, um Dicke, die Stute zu beschlagen. Onkel Adam ist Hufschmied. Zuerst werden die alten Eisen abgenommen und die Hufe ausgeschnitten und gefeilt. „Das ist für Dicke so, wie für uns Nägelschneiden", sagt Susi zu Paul, als sie Onkel Adam zuschauen.

Leider benimmt sich Dicke nicht so, wie sich Susi und Paul beim Nägelschneiden benehmen. Dicke bleibt keine Sekunde ruhig stehen. Sie brummt unfreundlich, legt die Ohren an und versucht auszuschlagen. „Dicke mag keine Nagelpflege", sagt Susi. „Mir gefällt das Nägelschneiden auch nicht."

„Dicke läuft auf ihren Nägeln. Wenn die nicht ordentlich beschnitten sind, tun sie ihr weh. Aber Dicke ist so dick wie stur. Lieber Schmerzen haben als Ruhighalten. Dieses Pferd ist richtiger Dickschädel. Schlimmer noch als euer Esel", sagt Onkel Adam.

„Pippo ist kein Dickschädel", beschwert sich Paul. „Er ist nur manchmal eigensinnig."
Dicke steigt von einem Bein auf das andere.

„Schluss jetzt mit der Herumhampelei!" Onkel Adams Stimme klingt fast ein bisschen gefährlich. „Sonst gibt's Ärger."

Und genau das gibt es auch. Onkel Adam hebt nämlich Dickes rechtes Hinterbein hoch und klemmt es sich zwischen die Knie. Aber genau in dieser Sekunde kommt Bobby laut kläffend angesprungen. Dicke macht einen kleinen Satz, obgleich sie doch nur auf drei Beinen steht. Um ein Haar wäre sie zusammen mit Onkel Adam umgefallen.

„Du darfst Dicke nichts tun", fleht Paul und sieht in Onkel Adams wütendes Gesicht. „Sie ist doch nur erschrocken."

„Erschrocken? Dass ich nicht lache! Dicke kennt Bobby, seit er auf der Welt ist", knurrte Onkel Adam. „Wegen seiner Kläfferei erschrickt sie doch nicht. Sie wollte mich nur ärgern. Aber weil ihr es seid, bekommt sie jetzt keines auf ihr dickes Hinterteil. Verdient hätte sie es."

„Danke", sagen Susi und Paul für Dicke. Schließlich spricht sie ja nicht die Menschensprache, obwohl sie bestimmt alles versteht.

Fasching, Fastnacht oder Karneval

10. Februar

Wahrscheinlich kommt das Wort Fastnacht oder Fasching vom Wort „vasenaht", was so viel heißt wie „Unfug in der Nacht". Das Wort Karneval kommt vermutlich von „carne valle" und heißt „Fleisch ade". Früher haben viele Leute von Aschermittwoch an bis Ostern gefastet. Sie haben wenig gegessen, vor allem aber kein Fleisch. Diese Fastenzeit vor Ostern sollte an das Fasten Jesu in der Wüste erinnern.

An Fasching sieht man tolle Gestalten auf den Straßen: Seeräuber, Gespenster, Prinzessinnen, Ritter, Krokodile, Schornsteinfeger, Clowns, Bären und viele mehr. Aber einen Tag nach Fasching ist der ganze Spuk vorbei. Da ist die wunderschöne Prinzessin wieder die kleine Anna, die in den Kindergarten oder die Schule geht.

Nach dem Faschingsdienstag kommt der Aschermittwoch. Dann fängt die eigentliche Fastenzeit an. Für die Christen beginnt damit die Vorbereitung auf Ostern. Dazu gehört auch, dass man kein Fleisch isst und auf große Feiern verzichtet.

Ein Faschingsgedicht

11. Februar

Die Tiere machen Karneval
zu Marburg an der Lahn.
Der Hahn trägt einen Regenschirm
und schreitet stolz voran.

Auf einem Fahrrad fährt der Bär,
in Stiefeln kommt der Gaul,
die Gans hält einen Luftballon,
die Kuh hat eine Pfeif' im Maul.

Und wenn sie auf dem Berge sind,
hoch oben vor dem Schloss,
dann singen sie, dann tanzen sie,
zum Takt, da stampft das Ross.

Josef Guggenmos

Clown-Kostüm für Fasching

12. Februar

Du brauchst:
1 altes schwarzes T-Shirt, 1 weite Hose, 1 weißen Filzstift, schwarzes Tonpapier, schwarze u. weiße Schminke, Kleber

Auf das T-Shirt malst du mit dem weißen Filzstift runde Knöpfe. Aus dem Tonpapier wird der spitze Hut. Das Tonpapier faltest du so, dass ein Dreieck entsteht. Bevor du es an den langen Seiten zusammenklebst, musst du den Umfang deines Kopfes ausmessen, damit der Hut auch passt. Auf den Spitzhut malst du auch große weiße Punkte. Mit der weiten Hose bist du der perfekte Clown. Schminke dich noch mit weißer Farbe und male dir unter die Augen schwarze Augenwimpern.

Blumenstrauß für den Valentinstag

13. Februar

Du brauchst:
Transparentpapier, Schere, Bleistift, Pfeifenputzer (gibt es im Tabakladen), 1 Wasserglas

Auf das Transparentpapier malst du Kreise in der Größe des Wasserglases. Schneide die Kreise aus und falte sie zur Hälfte, dann nochmals zum Viertel. Die Spitze oben schneidest du etwas ab. Falte den Kreis auseinander, stecke den Pfeifenputzer durch das Loch und rolle ihn oben in der Blüte (dem ausgeschnittenen Kreis) schneckenförmig ein. Wenn du mehrere Blumen machst, hast du einen wunderbaren Strauß, den du morgen zum Valentinstag verschenken kannst.

Valentinstag

14. Februar

Am Valentinstag schenkt man sich schöne Karten mit Blumen und Herzen oder einen Blumenstrauß.
Dieser Brauch geht auf den Mönch Valentin zurück, der 270 Jahre nach Christus in Rom gelebt hat. Viele Leute kamen zu ihm, wenn sie Sorgen hatten, und baten ihn um Rat. Er half ihnen nicht nur, wo er konnte, sondern beschenkte sie alle mit Blumen aus seinem Garten.

Was Eichhörnchen und Hamster sammeln

Eichhörnchen und Hamster sammeln vor ihrer Winterruhe vorsichtshalber noch Vorräte für den Winter. Eichhörnchen vergraben im Herbst Nüsse und buddeln sie im Winter, wenn sie sonst nichts mehr zu fressen finden, wieder aus.

Der Hamster sammelt Körner und Grassamen in Hamstertaschen in seinen Backen. Darin kann er eine Menge unterbringen. Das Futter trägt er in seinen Bau und hebt es für den Winter auf, wenn er draußen nichts mehr findet.

15. Februar

Schnelle Tiermaske für den Fasching

Auf den Papierteller malst du ein lustiges Gesicht und schneidest in die aufgemalten Augen zwei kleine Kreise, damit du hindurchschauen kannst, wenn du die Maske aufsetzt. Bohre auf beiden Seiten des Papptellers in Höhe der Nase ein kleines Loch und ziehe zwei Gummis hindurch, mit denen du die Maske hinten am Kopf festbinden kannst. Jetzt wird dich bestimmt niemand erkennen!

16. Februar

Du brauchst:
1 Papierteller,
Filzstifte,
1 Gummifaden,
Schere

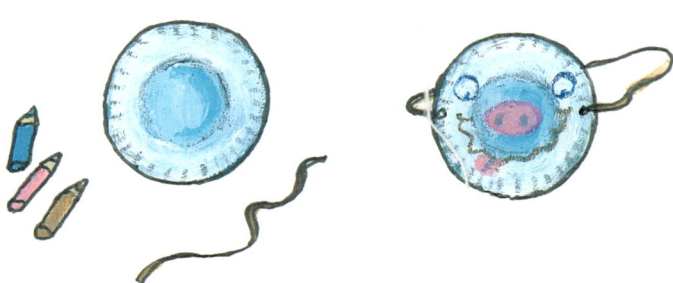

Witztag

„Warum ziehst du denn immer ein Seil hinter dir her?",
wird Hansi gefragt. „Na und?", antwortet er. „Schieben kann ich
es ja nicht."

Im Meer schwimmen Papa Hering, Mama Hering und Klein-Hering. Kommt ein U-Boot. Schnell versteckt sich Klein-Hering hinter Mama Hering. „Brauchst keine Angst zu haben", sagt sie, „das sind nur Menschen in der Büchse."

17. Februar

28

18. Februar

Ein Lügenmärchen

Ich will euch singen und nicht lügen:
Ich sah drei gebratene Hühner fliegen,
die flogen ziemlich schnelle,
sie hatten die Bäuche zum Himmel gekehrt,
die Rücken nach der Hölle.

Es segelten Leute übers Land,
die Segel hatten sie gen Wind gespannt
und segelten auf den Feldern.
Sie segelten auf einen hohen Berg
und ertranken in den Wäldern.

Hiermit will ich mein Lied beschließen,
sollt' es euch jedoch verdrießen,
will ich nicht länger lügen.
In meinem Land sind Fliegen so groß
als hierzulande die Ziegen.

Ein Spiel zum Kräftemessen

19. Februar

**Du brauchst:
1 etwa gleich
starken Freund
oder Freundin**

Zu diesem Spiel setzt ihr euch Rücken an Rücken auf eine Unterlage, die nicht glatt ist (kein glatter Boden!), und versucht euch gegenseitig wegzudrücken. Wer es schafft, hat gewonnen. Noch lustiger ist es, wenn mehrere Paare gegeneinander antreten. Die gewonnen haben, treten dann wieder gegeneinander an, bis schließlich der Sieger feststeht.

20. Februar

Quiztag – finde die richtige Antwort

Welcher Vogel baut kein Nest?
– die Blaumeise?
– der Kuckuck?
– der Flamingo?

Welcher Vogel kann nicht fliegen?
– der Reiher?
– der Pinguin?
– der Schwan?

Der Kuckuck. Er legt seine Eier in fremde Nester.

Der Pinguin kann hervorragend schwimmen, gut klettern und laufen. Fliegen kann er aber nicht.

Fragen über Fragen – kannst du sie beantworten?

Bringt der Regenwurm viel Regen?
Mag er es gern nass?
Oder springt er mit Vergnügen
in ein Regenfass?

Mag das Eichhörnchen die Eiche,
weil sie Eicheln hat?
Oder frisst es sich am liebsten
nur an Popcorn satt?

Trägt das Glühwürmchen die Lampe
auf dem Kopf herum?
Morst es heimlich durch das Dunkel?
Oder bleibt es stumm?

Das sind Fragen über Fragen,
kennt die nur der Wind?
Ich kann dazu gar nichts sagen.
Frag doch mal ein Kind.

Regina Schwarz

Warum ist jeden Monat Vollmond?

Jeden Monat umkreist der Mond einmal unsere Erde. Dabei wird
der Mond immer von der Sonne beschienen, es sei denn, unsere
Erde kommt ihm in die Quere. Dann gibt es eine Mondfinsternis.
Das passiert aber nur selten.
Manchmal ist der Mond dabei näher an der Sonne, manchmal
weiter entfernt. Daher sehen wir ihn als Sichelmond, als Halb-
mond oder als Vollmond. Als Vollmond sehen wir ihn nur einmal
im Monat, wenn er von der Sonne voll beschienen wird. Ist der
Mond der Sonne aber ganz nahe, siehst du nur seinen Schatten.
Das nennt man dann Neumond. Von manchen Menschen sagt
man, dass sie mondsüchtig sind. Bei Vollmond geistern sie nachts
herum und schlafen dabei.

23. Februar

Rätselgedicht

Was schlüpft durch die Bäume,
durch Hecken und Zäune
und raschelt nicht?

Was geht durch die Flüsse,
hat trockene Füße
und plätschert nicht?

Was taucht in die Seen,
kann auf dem Grund gehen,
ertrinkt doch nicht?

Was springt durch die Scheiben
und lässt sie ganz bleiben?

Das Sonnenlicht

Singspiel

24. Februar

Es tanzt ein Bi-ba-Butzemann
in unserm Haus herum, dideldum.
Er rüttelt sich, er schüttelt sich.
Er wirft sein Säckchen hinter sich.
Es tanzt ein Bi-ba-Butzemann
in unserm Kreis herum.

Weißt du, woher die Märchen kommen?

25. Februar

Märchen wurden schon vor vielen hundert Jahren erzählt, aber sie waren nirgends aufgeschrieben.

Vor mehr als 200 Jahren gefielen den Brüdern Jacob und Wilhelm Grimm diese Märchen so gut, dass sie beschlossen, sie zu sammeln. Sie befragten Leute und schrieben auf, was sie ihnen erzählten. Damit haben sie uns eine Sammlung von vielen Märchen hinterlassen: „Die Märchen von den Gebrüdern Grimm" oder einfach „Grimms Märchen".

Aber auch Hans Christian Andersen und Wilhelm Hauff, die etwa zur gleichen Zeit lebten wie die Brüder Grimm, waren wunderbare Märchenerzähler.

26. Februar

Das Märchen vom Rumpelstilzchen

Es war einmal ein armer Müller, der gern mit seiner schönen Tochter prahlte. Eines Tages sagte er zum König: „Meine Tochter kann Stroh zu Gold spinnen", obwohl das gar nicht stimmte.

„Dann bring deine Tochter sofort auf mein Schloss", befahl der König. Dort führte er das Mädchen in eine Kammer voller Stroh und sagte: „Bis morgen muss das alles zu Gold gesponnen sein. Schaffst du es nicht, ergeht es dir schlecht."

Kaum war das Mädchen allein, schluchzte es verzweifelt.

Plötzlich stand ein Männlein vor ihr: „Was gibst du mir, wenn ich dir das Stroh zu Gold spinne?", fragte es.

„Mein Halsband", antwortete das Mädchen.

Das Männlein setzte sich an das Spinnrad und schnurr, schnurr, schnurr, war das Stroh zu reinem Gold gesponnen.

Das gefiel dem König. Er ließ die Müllerstochter in eine noch größere Kammer bringen. „Wenn dir dein Leben lieb ist", sagte er, „mach auch das zu Gold."

Wieder kam das Männlein. Aber diesmal hatte das Mädchen nichts mehr zu verschenken. „So versprich mir einfach dein erstes Kind, wenn du Königin wirst", sagte es.

„Königin werde ich nie", dachte die Müllerstochter und nickte. Aber weil sie dem König gefiel, heiratete er sie doch und sie wurde Königin. Und als sie ihr erstes Kind bekam, stand das Männlein vor ihr und erinnerte sie an ihr Versprechen. Da wurde sie so traurig, dass das Männlein Mitleid bekam. „Wenn du errätst, wie ich heiße, kannst du dein Kind behalten. Drei Tage hast du Zeit."

Die Königin sandte viele Boten aus, aber kein Name war der richtige. Am dritten Tag aber erzählte ein Jäger, dass ein Männlein im Wald gesungen habe: „Heute back ich, morgen brat ich, übermorgen hol ich der Königin ihr Kind. Ach, wie gut, dass niemand weiß, dass ich Rumpelstilzchen heiß."

Am Abend, als das Männlein wieder kam, sagte die Königin: „Heißt du am Ende Rumpelstilzchen?"

„Ja!", schrie das Männlein und stampfte vor Zorn so fest auf die Erde, dass es darin verschwand und nie mehr auftauchte.

Fingerspiel

27. Februar

Himpelchen und Pimpelchen
gingen auf einen Berg.
Himpelchen war ein Heinzelmann
und Pimpelchen ein Zwerg.
Sie blieben lange dort oben sitzen
und wackelten mit ihren Zipfelmützen.
Doch nach fünfundsiebzig Wochen
sind sie in den Berg gekrochen.
Schlafen dort in guter Ruh,
seid mal still und hört schön zu:
Ch – ch – ch – ch.

So geht's: Die beiden Daumen sind Himpelchen, der Heinzelmann, und Pimpelchen, der Zwerg. Wenn sie in ihren Berg verschwinden, schlüpfen deine Daumen in die Faust. Das Schnarchen von Himpelchen und Pimpelchen kann gar nicht laut genug sein.

ABC im Februar

28. Februar

Im Januar waren das große A und das große B dran, heute kommen das große C und das große D an die Reihe. C ist der dritte Buchstabe im Alphabet, D der vierte.
Das Wort Clown zum Beispiel fängt mit C an und der Drachen mit D. Zuerst malst du einen Clown. Darüber schreibst du ein C. Und über den Drachen, den du zeichnest, schreibst du ein D.
Nun kennst du schon vier Buchstaben im Alphabet. Vielleicht fallen dir zu den vier Buchstaben noch viele Wörter ein.
Und hier ein C-D-Buchstabengedicht, damit du dir diese Buchstaben besser merken kannst:

Das C ist Fasching bestens drauf,
setzt sich als Clown ein Hütchen auf
und wartet auf das Dackel-D,
das dudelt, dackelt durch den Schnee.

Regina Schwarz

März

Was ist im März alles los?

1. März Im März ist Frühlingsanfang! Die Weidenkätzchen blühen, Vögel zwitschern, die Sonnenstrahlen wärmen schon wieder, der Schnee schmilzt endgültig und die Vögel bauen Nester. Oft ist das Osterfest im März, manchmal aber auch erst im April. Vor mehr als 1700 Jahren hat eine Versammlung von Kirchenfürsten beschlossen, dass der Sonntag, der dem ersten Vollmond nach Frühlingsanfang folgt, der Ostersonntag sein soll. Weil der Frühling immer am 20. März beginnt, kann der Ostersonntag frühestens der 21. März sein, aber nur, wenn am 20. März Vollmond und der 21. März ein Sonntag ist. Wenn kurz vorm Frühlingsanfang Vollmond ist, ist das Osterfest erst einen Monat später, spätestens am 25. April.

Frühlingsgedicht

2. März Was gackern die Hühner?
Die Welt wird grüner!
Was kräht der Hahn?
Ich sag' es euch an:
Die Welt, krikriki,
wird so schön wie noch nie!
Tarom! So ist's recht!

Tri-tra-trommelt der Specht.
Er trommelt im Wald,
dass der Wald widerhallt:
Trarom! Trara!
Traratratata!
Den Frühling, den lieb' ich,
der Frühling ist da!

Josef Guggenmos

Rätsel

3. März Weißt du, wer das ist?
Du kannst mich draußen sehen,
du kannst mich draußen hören,
du kannst mich draußen riechen.
Du kannst mich draußen fühlen.
Ich bin …

der Frühling

Spiel für sieben kleine Hasen

Sieben kleine Hasen
sitzen auf dem Rasen,
wollen sich verstecken
hinter sieben Hecken.

4. März

So geht's: Bei diesem Spiel ist ein Kind der Fuchs, die anderen Kinder sind die Hasen. Einer von den Mitspielern sagt den Vers langsam auf, und alle Kinder rennen los. Bei „sitzen" und „verstecken" hocken sie sich kurz hin und rennen dann wieder weiter. Bei der letzten Zeile macht der Fuchs die Augen zu, dreht sich einmal im Kreis und zeigt mit dem Arm in eine Richtung. Das Kind, das gerade da steht, wo er hinzeigt, wird nun zum Fuchs.

Wir bemalen Eier

Mit einer Nadel sticht man ganz vorsichtig oben und unten ein Loch in ein Ei. Dann bläst man so lange in das Ei hinein, bis auf der anderen Seite Eiweiß und Eigelb herauskommen.
Jetzt tupfst du mit den Fingern oder einem Pinsel verschiedenfarbige Flecken auf das Ei. Zum Schluss rollst du das Ei zwischen den Händen, damit die Farben verlaufen. Jetzt kannst du das Ei trocknen lassen, einen Faden durchziehen und aufhängen.

5. März

Du brauchst:
rohe Eier, 1 Nadel,
1 Schüssel,
Fingerfarben,
Faden

6. März

Klitzekleines Gedicht

Es war in einem Dorfe,
da gab es einen Sturm.
Da zankten sich fünf Hühnerchen
um einen Regenwurm.

Und als kein Wurm mehr war zu sehn,
da sagten alle „piep",
da hatten die fünf Hühnerchen
einander wieder lieb.

Victor Blüthgen

Die Vögel bauen Nester

7. März

**Du brauchst:
feine Federn,
Halme**

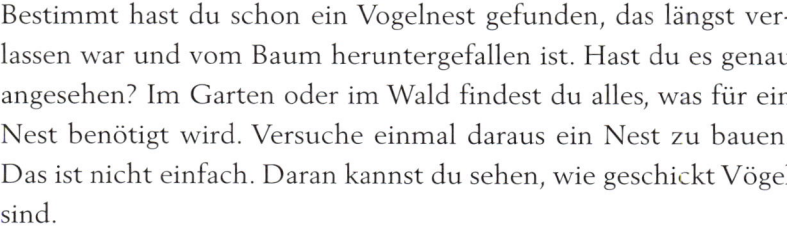

Bestimmt hast du schon ein Vogelnest gefunden, das längst verlassen war und vom Baum heruntergefallen ist. Hast du es genau angesehen? Im Garten oder im Wald findest du alles, was für ein Nest benötigt wird. Versuche einmal daraus ein Nest zu bauen. Das ist nicht einfach. Daran kannst du sehen, wie geschickt Vögel sind.

Warum gibt es einen Internationalen Frauentag?

8. März

Frauen sind immer noch benachteiligt: Häufig verdienen sie auch weniger Geld als Männer und müssen nach der Arbeit noch kochen, die Kinder versorgen und sich um den Haushalt kümmern. In vielen Teilen der Welt werden Frauen von Männern als minderwertig betrachtet und schlecht behandelt. Ein Frauentag ist wichtig, um die Welt auf die Benachteiligung vieler Frauen aufmerksam zu machen.

9. März

Dann endlich ist der Frühling da

Wenn die Vögel wieder singen,
ihre Lieder fröhlich klingen,
wenn sie balzen, sich vermählen
und sich einen Nistplatz wählen,
dann endlich ist der Frühling da.

Wenn sich Mäuse gähnend recken,
ihren Kopf zum Bau rausstrecken,
blinzelnd sich zur Sonne wenden,
ihren Winterschlaf beenden,
dann endlich ist der Frühling da.

Wenn die Bauern früh aufstehen,
pflügen und Getreide säen,
Paare durch den Park spazieren,
Kinder sich im Spiel verlieren,
dann endlich ist der Frühling da.

Klaus W. Hoffmann

10. März

Das Osterhühnchen

Auf einem Hühnerhof lebten Hühner mit wunderhübschen Federn, die sie ordentlich aufplustern konnten. Und sie legten besonders große Eier. „Keine anderen Hühner legen solche Eier", sagte das älteste Huhn, das den Ton angab, immer wieder. „Sicher werden sich die Osterhasen um unsere Eier reißen."

Eines Tages stand ein winzig kleines Hühnchen mit zerrupftem Federkleid ängstlich in einer Ecke des Hühnerhofs. „Wo kommst du denn her?", fragte der Hahn misstrauisch.

„Man wollte mich schlachten", klagte das kleine Hühnchen. „Da bin ich weggelaufen. Und ich dachte, dass ich bei euch – "

„Da hast du etwas Falsches gedacht." Der Hahn schob das Hühnchen mit seinem Kratzfuß auf die Seite. „Wahrscheinlich kannst du nicht mal Eier legen."

„Doch, doch, das kann ich", sagte das Hühnchen.

„Dann lass mal sehen", befahl das alte Huhn. Das kleine Huhn legte ein winziges Ei.

„Das ist ja ein Witz", krähte der Hahn. „Sogar Zwerghühner legen größere Eier."

„Aber ich bin doch eines", flüsterte das Hühnchen.

Gerade kam der Osterhase mit seinem Wagen um die Ecke. „Guten Morgen", rief er. „Wie viel Eier habt ihr denn für uns?"

„Jede Menge wunderbarer großer Eier", antwortete das alte Huhn. „Ganz im Gegensatz zu diesem jämmerlichen Zwerghuhn-Ei hier!"

Kaum hatte aber der Osterhase einen Blick auf das kleine Ei geworfen, sauste er zu dem Hühnchen. „Solche zierlichen Eier suche ich schon lange für Ostern. Davon brauche ich mehr."

„Aber hier darf ich keine mehr legen", schluchzte das Hühnchen.

„Dann komm doch mit ins Osterhasenland!", schlug der Hase vor.

So kam es, dass das Hühnchen schließlich auf den großen Hühnereiern thronte und ins Osterhasenland gezogen wurde. Da machten die anderen Hennen mitsamt dem Hahn lange Gesichter.

11. März

Scherzfragen

Was Zähne hat und doch nicht beißt und auch nicht kaut. Wer weiß, wie's heißt?

die Säge

Kennst du einen Stuhl, der sich immerzu auf und ab bewegt?

der Fahrstuhl

Feldhase und Kaninchen

12. März

Bei uns gibt es Feldhasen und Kaninchen. Der Feldhase hat ein graubraunes Fell und lange Ohren, mit denen er ausgezeichnet hören kann. Das ist wichtig, denn sonst würde er schnell von seinen vielen Feinden, wie dem Fuchs oder großen Raubvögeln, gefressen werden. Tagsüber versteckt er sich in einem seiner Schlupfwinkel. Dort schläft er, bis die Nacht beginnt und er sich wieder auf die Suche nach Gras und Kräutern macht. Hat er eine Partnerin gefunden, gibt es im Frühsommer viele Hasenkinder. Das Kaninchen stammt ursprünglich aus Spanien und ist kleiner als der Feldhase, es hat kürzere Ohren und ist am Rücken hinter dem Kopf rotbraun gefärbt. Es baut sich ein Nest in einer selbst gegrabenen Höhle unter dem Boden. Dort bringt es auch seine Jungen zur Welt. Kaninchen sind viel geselliger als Feldhasen. Meistens leben sie in richtigen kleinen Kolonien zusammen.

Küken aus Papier

13. März

Du brauchst:
gelbes und rotes
Tonpapier, Schere,
Klebstoff

Aus gelbem Papier schneidest du ein Oval, also die Form von einem Ei, aus. Es sollte so groß wie ein echtes Ei sein. Das eine Ende wird der Kopf, das andere der Körper des Kükens. Jetzt schneidest du zwei gleich große Kreise aus gelbem Papier, halb so groß wie das Oval, und faltest sie in der Mitte. Das sind die Flügel vom Küken, die du gleich, Rundung nach unten, auf den Körper kleben kannst. Schneide aus rotem Papier einen Schnabel aus, klebe ihn fest und male zwei Augen hinter den Schnabel. Ziehe oben am Kopf einen Faden durch das Papier und hänge dein Küken an den Osterstrauß.

14. März

Die März-Geschichte vom Bauernhof

Hühner haben eine Menge zu tun. Schließlich müssen sie viele Eier legen. Deshalb haben sie auch immer Hunger.

„Wer arbeitet, soll auch essen", sagt Mama.

Aber den Hühnern braucht man das nicht zu sagen. Die fressen nämlich den ganzen Tag. Nur wenn sie Eier legen oder schlafen, fressen sie nicht. Oder wenn sie nachdenken. Dann legen sie den Kopf zur Seite und gackern ganz leise.

„An was sie wohl denken?", fragt Paul.

„Ans Fressen", sagt Susi. Sie ist ärgerlich, weil sie die Hühner füttern soll. Im März finden die Hühner noch keine Käfer oder Würmer. Darum muss man sie mehr füttern. „Blöde Hühner!", sagt Susi. „Warum halten sie keinen Winterschlaf? Dann bräuchte ich jetzt nicht zu füttern."

„Aber meistens füttert sie doch Mama", sagt Paul.

„Mama füttert sie gar nicht immer!" Wütend stampft Susi mit dem Fuß auf. „Und ich habe jetzt auch keine Lust dazu."

Susi geht zu Mama. „Ich geh heute nicht in den Stall."

„In Ordnung", antwortet Mama. „Aber wer keine Lust zum Füttern hat, bekommt auch keine Eier. Auch in Pfannkuchen, Waffeln und Kuchen sind Eier. Bist du damit einverstanden?"

Es macht ihr nichts aus, sagt Susi.

Beim Abendessen liegen auf Mamas, Papas und Pauls Teller goldgelbe Pfannkuchen. Nur auf Susis Teller ist ein Stück Brot und Käse. Da fängt Susi an zu weinen.

„Ach du liebe Zeit!" Mama springt auf. „Ich habe ganz vergessen, die Hühner zu füttern und den Stall zuzumachen. Der Fuchs geht wieder um."

„Ich gehe schon", sagt Susi. „Bekomme ich dann einen Pfannkuchen?"

Mama nickt. Und als Susi zurückkommt, liegt auch auf ihrem Teller ein großer Pfannkuchen.

Märzlied

15. März

Im Märzen der Bauer die Rösslein anspannt,
er setzt seine Felder und Wiesen instand,
er pflüget den Boden, er egget und sät
und rührt seine Hände frühmorgens bis spät.

Die Bäu'rin, die Mägde, sie dürfen nicht ruh'n.
Sie haben im Haus und im Garten zu tun.
Sie graben, sie rechen und singen ein Lied
und freu'n sich, wenn alles schön grünet und blüht.

So geht unter Arbeit das Frühjahr vorbei,
dann erntet der Bauer das duftende Heu.
Er mäht das Getreide, dann drischt er es aus.
Im Winter, da gibt es manch fröhlichen Schmaus.

Gibt es bei uns noch Pferde vor dem Pflug?

16. März

Heute spannen Bauern bei uns keine Pferde mehr vor den Pflug.
Jetzt ziehen Traktoren die Landmaschinen, die man zum Pflügen,
Eggen und Säen braucht. In ärmeren Ländern der Welt besitzen
viele Bauern aber keine Traktoren. Dort werden noch oft Pferde
oder Kühe vor den Pflug gespannt. Manchmal müssen die Bauern
und Bäuerinnen den Pflug auch selbst ziehen.
Eins, zwei, drei,

17. März

Unsinnsgedicht zum Auswendiglernen

Eins, zwei, drei,
bicke, backe, bei.
Bicke, backe, Pfefferkorn,
der Müller hat sein' Frau verlor'n.
Hat sie nimmer g'funden,
glaubt, sie ist verschwunden.
Wie sieht's nur in der Mühle aus?

Da schau'n die Mäus' zum Fenster raus,
der Storch, der kocht die Suppen,
die Katzen fegen d'Stuben aus,
die Ratten tragen den Müll hinaus,
der Hund, der schlägt die Trommel.
Sitzt e'n Männlein auf dem Dach,
hat sich halb zu Tod' gelacht.

Amanda sucht das Osterhasenland

Als Amanda ein paar Wochen vor Ostern aus dem Ei schlüpfte, konnte jedes Huhn auf dem Hühnerhof sehen, dass sie anders war als ihre Geschwister. Amanda war größer, Amanda war unglaublich neugierig und sagte nicht nur piep-piep, sondern auch pap-pap.

„O je, o je", seufzte Amandas Mutter, „das hat mir gerade noch gefehlt. Mit diesem Küken werde ich ziemliche Mühe haben."

Und das hatte sie. Amanda war immerzu auf dem großen Hühnerhof unterwegs. Wärmten die anderen Küken ihre dünnen Beinchen im warmen Stroh, ging Amanda bei Regen und Wind spazieren. Gluckten die anderen Küken zusammen, hockte Amanda beim uralten grauen Huhn und ließ sich von ihm Geschichten erzählen.

„Früher, als die Hühner und die Menschen noch an Osterhasen glaubten", erzählte das uralte graue Huhn, „gab es ein riesengroßes Osterhasenland."

„Gibt es das jetzt nicht mehr?", fragte Amanda.

„Genau weiß ich es nicht. Auf jeden Fall sagte meine Urgroßmutter, und die hatte es wieder von ihrer Urgroßmutter, dass früher immer kurz vor Ostern Osterhasen Hühnereier geholt hätten. Die wurden dann im Osterhasenland wunderschön bemalt."

„Was haben die denn sonst noch über das Osterhasenland erzählt?", fragte Amanda.

„Dass die Hasen bunte Ohren und bunte Schwänze haben, die Bäume dort farbig sind, die Häuser wie riesengroße Ostereier aussehen und dass die Hasen dort das ganze Jahr über lauter schöne Sachen malen, damit sie an Ostern auch wirklich genug zum Verschenken haben. Natürlich sind es ganz besondere Hasen, die wunderschön malen können. Nicht jeder Hase kann ein Osterhase werden, und wenn er es noch so gern möchte."

„Da muss ich hin", erklärte Amanda. „Denn die Eier, die ich einmal lege, sollen keine Rühreier, sondern Ostereier werden. Das weiß ich ganz genau."

Am selben Tag machte sich Amanda auf den langen, beschwerlichen Weg. Fast wäre sie unterwegs vom Fuchs gefressen worden! Aber zum Glück konnte sie sich gerade noch retten. Endlich, nach acht Tagen, fand sie das Osterhasenland. Und alle Osterhasen waren hocherfreut, als Amanda ankam und bei ihnen blieb. Amanda gefiel es so gut im Osterhasenland, dass sie auch noch ihre Mutter und ihre Geschwister holte. Und seitdem wohnen im Osterhasenland nicht nur Osterhasen, sondern auch glückliche Osterhühner.

Ostereier-Spiele

19. März

Werft euch die hart gekochten Eier zu. Wessen Ei nicht kaputt-geht, hat gewonnen!

Für das „Eierpicken" wird vereinbart, welche Seite vom Ei – also Kopf oder Fuß – man nimmt. Dann schlagt ihr die Eier aneinan-der. Wessen Ei ganz bleibt, hat gewonnen.

Ihr könnt die Eier auch einen Hügel hinunterrollen. Das Ei, das am weitesten rollt, hat gewonnen. Aus den kaputten Eiern macht ihr einen wunderbaren Eiersalat. Dazu entfernt ihr die Eierschale, schneidet die Eier klein und würzt sie mit den Zutaten.

Du brauchst:
hart gekochte Eier,
mind. 1 Mitspieler

Für den Eiersalat:
hart gekochte Eier
ohne Schale, Senf,
Essig, Öl, Pfeffer, Salz

Frühlingsanfang

20. März

Der Frühling beginnt immer an dem Tag, an dem die Nacht- und die Tagzeit gleich lang sind, also je zwölf Stunden. Das ist heute, am 20. März. Sieh im Kalender nach, wann das nächste Mal Voll-mond ist. Der nach dem Vollmond folgende Sonntag ist dann der Ostersonntag.

Eierkopf mit echten Kräuterhaaren

21. März

Du brauchst:
1 Eierschale,
Küchenkrepp,
Kressesamen,
Stift,
Klopapierrolle

Von einem gekochten Ei schneidest du den oberen Teil ab. Dann isst du das Innere vorsichtig heraus. Auf die Schale malst du jetzt ein Gesicht, legst ein feuchtes Stück Küchenrolle hinein und streust Kressesamen darauf. Du musst die Samen immer feucht halten, sonst können sie nicht wachsen. Damit der Eierkopf nicht umkippt, setzt du ihn in ein Stück bemalte Pappe (von einer Klopapier-rolle). Jetzt musst du nur noch warten, bis ihm Haare wachsen!

Osterkarte

Im Garten, Wald oder Park findest du schon Krokusse, Schnee-glöckchen oder Buschwindröschen. Presse die Blüten zwischen zwei Seiten eines Buches. Wenn sie trocken sind, kannst du sie auf eine Karte kleben, einen Osterhasen dazumalen und an Ostern verschenken.

22. März

Du brauchst:
Blüten von
Frühlingsblumen,
Karte, Kleber

Weißt du, wo Vögel brüten?

Wenn die Vogelmännchen ein Vogelweibchen gefunden haben, bauen sie ein Nest. Amsel, Drossel, Fink und Star brüten auf Bäumen. Aber es gibt auch viele andere, die gerne in Holzkobeln brüten, wie Stare oder Meisen. Lerchen, Fasane und alle Wasser-vögel brüten auf Äckern, Wiesen und Feldern. Sie bauen sich oft auch Nester auf kleinen Inseln.

Nur das Kuckucksweibchen brütet gar nicht selbst. Es legt sein Ei einfach in das Nest eines anderen Vogels. Weil die Kuckuckskinder ziemlich groß werden, werfen sie die andern Vogelkinder dann einfach aus dem Nest.

23. März

24. März

Osterhasen-Fingerspiel

Fünf Männlein sind in den Wald gegangen,
die wollten den Osterhasen fangen.
Das erste, das war so dick wie ein Fass,
das brummte nur immer: „Wo ist der Has'?"
Das zweite rief: „Sieh da, sieh da!
Da ist er ja! Da ist er ja!"
Das dritte war das allerlängste,
doch leider auch das allerbängste.
Das fing gleich an zu weinen:
„Ich sehe keinen, ich sehe keinen!"

Das vierte sagte: „Das ist mir zu dumm,
ich mach nicht mehr mit, ich kehr' wieder um."
Das kleinste aber, das hat's gemacht,
das hat den Osterhasen nach Hause gebracht!
Da haben alle Leute gelacht.
Ha, ha, ha, ha!

So geht's: Jeder Finger ist ein Männlein. Der Daumen beginnt. Male auf jede Fingerspitze ein Gesicht, dann ist es noch lustiger.

Palmsonntag, Gründonnerstag und Karwoche

25. März

Der Palmsonntag ist der letzte Sonntag vor Ostern. An diesem Tag denken die Christen daran, wie Jesus auf einem Esel in die Stadt Jerusalem eingezogen ist. Die Menschen damals haben Jesus jubelnd mit Palmzweigen begrüßt, weil sie in ihm den Retter der Welt gesehen haben. Darum heißt dieser Sonntag heute noch Palmsonntag. Bei uns gibt es keine Palmzweige. Darum werden kleine Sträuße aus Palmkätzchen oder Buchsbaumzweigen gebunden.

In „Karwoche" steckt das altdeutsche Wort „Chara". Es bedeutet so viel wie „Kummer". In der Karwoche denken Christen an den Tod Jesu, der vor mehr als 2000 Jahren am Kreuz für sie gestorben ist.

Der Gründonnerstag hat nichts mit grüner Farbe zu tun, sondern mit dem Wort „greinen", das heißt „weinen". Es ist der Donnerstag vor dem Karfreitag, an dem viel geweint wird, weil Jesus am Tag darauf sterben musste. Später dann wurde aus dem Wort Greindonnerstag der Gründonnerstag. Seither werden an diesem Tag grüne Kräuter und grünes Gemüse gegessen. Man sagt, dass Kräuter, die am Gründonnerstag gepflückt werden, besonders heilkräftig sind.

Osterstrauß mit geschmückten Eiern

26. März

Du brauchst:
ausgeblasene Eier,
Ostereierfarbe,
Klebepunkte,
Blüten,
Blätter,
Perlonstrumpf,
Wolle

So geht's: Bevor du die Eier in die Farbe legst, kannst du Klebepunkte auf das Ei kleben. Wenn du sie nachher wieder entfernst, hast du ein schön gepunktetes Ei! Oder du suchst dir kleine Blätter, legst sie um das Ei, ziehst einen alten Perlonstrumpf darüber und befestigst ihn mit einer Wäscheklammer. Jetzt kannst du das Ei in die Farbe legen, anschließend entfernst du Strumpf und Blätter wieder. Wickle auch einmal einen Wollfaden um das Ei und lege es damit ins Färbebad. Wenn du den Faden abnimmst, hast du ein schönes Muster auf dem Ei. Deine fertigen Eier kannst du an einen Strauß hängen.

Das Osterfest

27. März

Ostern ist das höchste Fest der Christen, denn an Ostern wird die Auferstehung Jesu von den Toten gefeiert. Früher waren mit dem Osterfest kirchliche Osterspiele verbunden. Heute gibt es noch den Brauch, am Abend vor dem Ostersonntag ein Osterfeuer anzuzünden, das gegen Unheil schützen soll. Damals zogen auch die Kinder zum Ostersingen von Tür zu Tür. Natürlich haben sie für ihren Gesang etwas bekommen. Heute gibt es diesen Brauch nicht mehr. An Ostern suchen die Kinder jetzt nach Osternestern und Ostereiern.

28. März

Neunundneunzig Osterhasen

Neunundneunzig Osterhasen
tanzen auf dem grünen Rasen,
Pfot in Pfote, Hand in Hand –
alle außer Rand und Band.
Ihre Stummelschwänzchen funkeln
silbern durch die Nacht im Dunkeln.
Und am Himmel in der Ferne
tanzen Mond und Glitzersterne.
Erst im Morgensonnenscheine
haben alle schlappe Beine.

Jeder Hase flitzt nach Haus,
fällt ins Bett und ruht sich aus.
Morgenstille auf der Welt,
überall in Wald und Feld.
Nur die Maus frisst Schokokrümchen –
neben einem Gänseblümchen –
von dem allerletzten Ei.
Nun ist Ostern wohl vorbei.

Rosemarie Künzler-Behncke

Winterzeit ade – willkommen Sommerzeit!

29. März

Jedes Jahr im Frühjahr werden in den meisten europäischen Ländern die Uhren um eine Stunde vorgestellt. So kann man das Tageslicht besser ausnützen und man braucht weniger Strom. Aber das bedeutet auch, dass wir eine Stunde früher aufstehen müssen. Doch das Aufstehen fällt im Sommer viel leichter als im Winter. Weißt du auch, warum? Weil die Sonne schon so früh aufgeht und zum Fenster hereinscheint.

30. März

Das Märchen vom Wolf und den sieben Geißlein

Eines Tages sagte eine Geiß zu ihren sieben jungen Geißlein: „Hört mir gut zu! Ich muss Futter holen. Wenn der Wolf klopft, macht ihm nicht auf! Ihr erkennt ihn an seiner rauen Stimme und seinen schwarzen Pfoten."

Kaum war die Mutter aus dem Haus, rief der Wolf vor der Tür: „Macht auf, Kinder, ich bin eure Mutter!"

„Das ist gelogen!", entgegneten die Geißlein. „Du hast eine ganz raue Stimme." Da kaufte sich der Wolf schnell ein Stück Kreide und fraß es auf. Da wurde seine Stimme fein und zart.

Wieder ging der Wolf zu den sieben Geißlein. Aber als sie seine schwarze Pfote am Fenster sahen, riefen sie: „Du hast kohlrabenschwarze Pfoten! Du bist der böse Wolf!" Da sauste der Wolf zum Bäcker. „Streich' mir Teig auf die Pfoten!", befahl er, „und streu' Mehl darüber, sonst fress' ich dich mit Haut und Haar."

Als der Wolf wieder kam und die Geißlein seine weißen Pfoten sahen, dachten sie, ihre Mutter stehe vor der Tür, und machten auf. War das ein Schreck, als sie den Wolf erkannten! Der Wolf fraß alle auf, bis auf das Jüngste. Das hatte sich in der großen Wanduhr versteckt. Dort fand es die Mutter, als sie heimkam.

Weil aber der Wolf so vollgefressen war, schlief er gleich draußen im Garten ein. Da nahm die alte Geiß Schere, Nadel und Faden und schnitt dem Wolf den Bauch auf. Alle sechs Geißlein sprangen heraus. Den Wolfsbauch füllte die Geiß mit dicken Steinen und nähte ihn zu. Als aber der Wolf aufwachte und Wasser trinken wollte, fiel er kopfüber in den Brunnen, weil die Steine so schwer waren. Da tanzten die Geißlein vor Freude, weil der Wolf mausetot war.

ABC im März

31. März Ein Wort, das mit E beginnt, ist Elefant. Mit F beginnt Fisch. Male beide Tiere und schreibe die Buchstaben dazu. Mit dem A und B aus dem Januar und dem C und D aus dem Februar kennst du jetzt schon sechs Buchstaben.

Und merk dir diesen Reim von deinen neuen Buchstaben:

Das E steckt in der Decke.
Es liebt Geheimverstecke.
Ein F sieht aus dem Fenster
und ruft: „Huhu! Gespenster!"

Regina Schwarz

April

Was ist im April alles los?

1. April

Der April ist ein komischer Monat. Es sieht so aus, als wüsste er selbst nicht so recht, ob er schönes Wetter bringen soll, lieber Regen oder manchmal sogar noch Schnee. Und weil er sich nicht entscheiden kann, beschert er uns meistens alles kurz hintereinander.

Hierzu passt der kleine Vers:

April, April, der weiß nicht, was er will.
Mal schickt er Sturm, dann Sonnenschein,
und übermorgen lässt er's schnei'n.

Du weißt bestimmt, was dir am 1. April passieren kann. Vielleicht schickt dich jemand in den April. Niemand ist da sicher vor Scherzen. Vielleicht sagt schon beim Frühstück Papa zu dir: „Deine Nase ist ganz schwarz. Geh mal ins Bad und wasch sie dir!" Du rennst zum Spiegel und Papa ruft hinter dir her: „April, April!"

2. April

Ein Gedicht für alle, die im April Geburtstag haben

Kräht der Hahn früh am Tage,
kräht laut, kräht weit:
Guten Morgen, Rumpumpel,
dein Geburtstag ist heut!

Guckt das Eichhörnchen runter:
Wenig Zeit, wenig Zeit!
Guten Morgen, Rumpumpel,
dein Geburtstag ist heut!

Kommt das Häschen gesprungen,
macht Männchen vor Freud:
Guten Morgen, Rumpumpel,
dein Geburtstag ist heut!

Steht der Kuchen auf dem Tische,
macht sich dick, macht sich breit:
Guten Morgen, Rumpumpel,
dein Geburtstag ist heut!

Und Vater und Mutter,
alle Kinder, alle Leut, sagen
Guten Morgen, Rumpumpel,
dein Geburtstag ist heut!

Paula Dehmel

Katrin und der 1. April

Katrin ist sieben Jahre und fand es immer wunderbar, alle Leute in den April zu schicken. Aber in diesem Jahr trieb sie es besonders schlimm.

„Papa, Papa, komm schnell ins Bad!", schrie sie am 1. April. „Das Waschbecken ist übergelaufen. Das Wasser fließt schon die Treppe hinunter!"

Papa stieß vor Schreck seine Kaffeetasse um und stürzte nach oben.

„April, April!", kicherte Katrin, als er oben ankam, und bog sich vor Lachen. Dann schickte sie Mama vor die Haustür und sagte, die Nachbarin, Frau Schwarz, würde draußen auf sie warten. Mama seufzte laut, weil Frau Schwarz eine fürchterliche Schwatzbase war. Aber niemand stand vor der Tür. „April, April!", prustete Katrin los. Als Nächstes kam ihr kleiner Bruder Leo an die Reihe. „Armer Leo", rief sie aufgeregt. „Deine nagelneue Kindergartentasche hat Bobby angefressen!" Als Leo heulend angelaufen kam, schnarchte Bobby, der Familienhund, friedlich in seiner Ecke und die Tasche hing an der Garderobe im Gang. Vor Lachen konnte Katrin kaum mehr „April, April" sagen.

Plötzlich fing es ganz furchtbar zu regnen an. Die Regentropfen prasselten an die Fensterscheiben.

„Katrin!", schrie Leo. „Dein schöner neuer Anorak liegt draußen auf der Treppe."

Katrin fasste sich an die Stirn. „April, April", sagte sie. „Darauf falle ich nicht rein."

Aber als Katrin in die Schule wollte, hing ihr Anorak nicht am Haken. Er lag wirklich draußen und war inzwischen ziemlich nass geworden.

April-Gedicht

Jeden Abend im April
liegt am Nil ein Krokodil
und verschlingt mit viel Gefühl
neunundneunzig Eis am Stiel.
Neunundneunzig Eis am Stiel
sind es nur, die im April
täglich frisst am fernen Nil
das besagte Krokodil –
hundert wären ihm zu viel.

Rosemarie
Künzler-Behncke

Kinderleichte Schmetterlinge

5. April

**Du brauchst:
Krepppapier,
Pfeifenputzer
(Tabakgeschäft),
Schere,
Band**

Schneide das Krepppapier in zwei 15 cm lange und 8 cm breite Streifen. Beide Streifen raffst du in der Mitte zusammen, sodass es aussieht, als hätten sie eine Taille. Drehe jetzt die Pfeifenputzer um zwei hintereinanderliegende Papierstreifen. Forme die beiden Enden des Pfeifenputzers zu Fühlern und ziehe sie nach oben. Befestige ein Band daran und hänge den Schmetterling in deinem Zimmer auf.

Was weißt du über Schmetterlinge?

6. April

Im April fliegen schon wieder die ersten Schmetterlinge. Sie leben wie die Bienen vom Nektar, dem Saft, den die Insekten in den Blüten der Blumen finden. Meistens sitzen sie mit geschlossenen Flügeln auf den Blüten. Kommt ein Vogel angeflogen, öffnen sie schnell ihre Flügel. Die Vögel erschrecken, fliegen weg – und der Schmetterling ist gerettet.

Am häufigsten sieht man die Tagpfauenaugen mit bunten Kreisen auf den Flügeln, die kleinen himmelblauen Bläulinge und die Kohlweißlinge.

Manche Schmetterlinge sind nur in der Nacht unterwegs: die Nachtfalter. Man sieht sie an Straßenlaternen oder an beleuchteten Fenstern. Wenn sie zu euch ins Zimmer flattern, macht ihr am besten das Licht aus, damit sie wieder in die Nacht hinausfinden.

Warum gibt es einen Weltgesundheitstag?

7. April

Überall auf der Welt gibt es Krankheiten. In Europa haben wir Ärzte, die uns helfen, und Krankenhäuser, in denen wir uns behandeln lassen können. Doch es gibt Länder, in denen die medizinische Versorgung schlecht ist und die Hilfe oft zu spät kommt. Darum unterstützen Vereine und Organisationen Projekte in armen Ländern, wo Menschen besondere Hilfe brauchen. Sie sind auf unsere Spenden angewiesen.

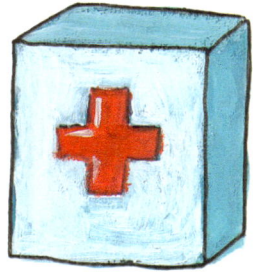

Scherzfragen

Welche Tiere müsste man ölen?

Die Mäuse, weil sie quietschen.

Welche Blumen blühen nur im Winter?

Eisblumen

Was hat keinen Mund und spricht doch alle Sprachen?

Das Echo

Geschichte vom Teich

Im Frühjahr gräbt Annas Papa im Garten ein großes Loch.

„Was machst du da?", fragt Anna.

„Ich mache einen Teich", antwortet Papa. Als das Loch groß genug ist, legt Papa schwarze Kunststofffolie hinein und beschwert sie mit Sand und Steinen. Dann wird Wasser eingelassen. Am Rand des Teichs, wo er flacher ist, werden noch Pflanzen eingesetzt. Dann ist der Teich fertig und Anna, Mama und Papa feiern ein Teicheinweihungsfest.

Mamas Freundin Alke bringt Rohrkolben mit, die Papa gleich am Teichrand einpflanzt. „Die haben wir früher immer Schornsteinfeger genannt", erzählt Papa.

Tante Klara bringt eine Seerose mit und Onkel Harry zwei Goldfische. Anna nennt sie Max und Moritz.

Max ist ein bisschen größer, Moritz ein bisschen kleiner. Wenn die Sonne scheint, liegen die beiden Goldfische im seichten Wasser und wärmen sich.

An einem besonders schönen Tag legt Max viele hundert kleine Fischeier.

„Ach du liebe Zeit", meint Mama. „Wir bekommen Nachwuchs."

Anna freut sich. „Nur der Name Max passt nicht mehr", sagt Anna. „Ab heute heißt Max Maxiline."

Welche Tiere leben in einem Gartenteich?

10. April

In einem neuen Teich gibt es noch keine Tiere. Doch das ändert sich schnell. Erst findet sich der Wasserläufer ein und dann ein gefräßiger Gelbrandkäfer. Im Frühjahr kommt vielleicht ein Frosch oder eine Kröte ans Wasser. Gibt es in der Nähe noch andere Gewässer, besuchen auch Molche den neuen Teich. Frösche und Molche vertragen sich aber in kleinen Gewässern nicht, denn die Molchjungen fressen gern Kaulquappen. Wenn schon Fische im Wasser sind, überleben beide nicht. Dann ist es besser, ihr bringt die jungen Tiere in andere Gewässer.

11. April

Gedicht vom Huhn und dem Karpfen

Auf einer Meierei,
da war einmal ein braves Huhn,
das legte, wie die Hühner tun,
an jedem Tag ein Ei
und kakelte, mirakelte, spektakelte,
als ob's ein Wunder sei.

Es war ein Teich dabei,
in dem ein braver Karpfen saß,
der stillvergnügt sein Futter fraß,
der hörte das Geschrei.
Wie's kakelte, mirakelte, spektakelte,
als ob's ein Wunder sei.

Da sprach der Karpfen: „Ei!
Alljährlich leg' ich 'ne Million
und rühm' mich des mit keinem Ton.
Wenn ich um jedes Ei
so kakelte, mirakelte, spektakelte,
was gäb's für ein Geschrei."

Heinrich Seidel

„Vesteinern"

12. April

Du brauchst:
mehrere Mitspieler

So geht's: Einer wird ausgelost. Der muss versuchen, jemanden zu fangen. Hat er ihn erwischt, muss derjenige stehen bleiben. Er ist „versteinert". Er wird dann erst erlöst und darf wieder weiterrennen, wenn jemand durch seine gegrätschten Beine krabbelt. Jetzt ist der „Erlöste" derjenige, der fangen muss.

Blumenstrauß auf Tonpapier

Du streichst eine Hand mit Fingerfarben ein und machst einen Abdruck auf das Blatt. Dann drückst du die Hand so oft auf das Papier, dass die Abdrücke wie eine Blume angeordnet sind. Die Finger zeigen dabei wie Blütenblätter nach außen. Male noch einen Stängel mit Fingerfarben dazu und zwei Blätter. Jetzt hast du eine wunderschöne große Blumenkarte zum Verschenken.

13. April

Du brauchst:
1 Bogen Tonpapier,
Fingerfarben

14. April

Fragen über Fragen – kannst du sie beantworten?

Sind die Quallen Quasselstrippen?
Quatschen sie nur Quatsch?
Werfen Quallen mit Tentakeln
Modder, Schlick und Matsch?

Schnäbeln Säbelschnäbler zärtlich,
ganz nach Vogelart?
Sanft mit leisem Schnabelwetzen,
liebevoll und zart?

Putzt der Plattfisch Kutterplanken,
liegt er danach platt
zwischen lauter Planktonpflanzen
und frisst sich dort satt?

Das sind Fragen über Fragen.
Kennt die nur der Wind?
Ich kann dazu gar nichts sagen.
Frag doch mal ein Kind.

Regina Schwarz

Wetterregeln

Früher gab es keine Wettervorhersagen im Fernsehen. Dafür beobachteten mehr Menschen den Himmel und wussten übers Wetter Bescheid. So entstanden manche Wetterregeln:

15. April

Ist der Januar hell und weiß,
wird der Sommer sicher heiß.
Gehst im April bei Sonn' du aus,
lass nie den Regenschirm zu Haus.
Mai-Regen auf die Saaten,
dann regnet es Dukaten.
Ist Siebenschläfer ein Regentag (27. Juni),
regnet es noch sieben Wochen danach.
Ist der August recht heiß,

dann bleibt der Winter lange weiß.
Ist Regine (7. September) warm und wonnig,
bleibt das Wetter lange sonnig.
Fällt im Wald das Laub sehr schnell,
ist der Winter bald zur Stell'.
Ist Martini (11. November) Sonnenschein,
tritt ein kalter Winter ein.
Regnet's an Sankt Nikolaus,
wird der Winter streng und kraus.

16. April

Der Frühjahrsputz

Nele und Pia sind an diesem Nachmittag allein zu Hause und langweilen sich. Da sagt Nele: „Papa und Mama haben immer so viel zu tun. Sollen wir mal richtig saubermachen? Wenn sie nachher zurückkommen, freuen sie sich."

„Wir könnten sogar einen richtigen Frühjahrsputz machen." Pia findet Neles Idee großartig. „Da muss man jede Schublade und jeden Schrank ausräumen. Das hat Omi neulich gesagt. Fangen wir doch gleich in der Küche an."

In der Küche gibt es sehr viel auszuräumen: aus den Schubladen, dem Geschirrschrank, dem Kühlschrank und den Regalen, in denen Mehl, Nudeln, Gewürze und noch vieles mehr steht. Bald sind der Tisch, die Stühle und der Küchenboden so voll, dass die Katze Zinnober ihren Fressnapf nicht mehr findet und protestiert.

„Putzen können wir später", sagt Nele. „Räumen wir doch zuerst noch das Bad aus." Auch im Bad landet alles auf dem Boden, angefangen von Mamas Hautcremes bis zum letzten Handtuch. Zinnober findet ihr Katzenklo nicht mehr, das immer im Bad steht, und beschwert sich.

Als Nächstes kommt das Schlafzimmer an die Reihe. Endlich stapeln sich alle Kleider, Pullover und Anzüge auf dem Boden. Zinnober maunzt laut.

„Zinnober, sei ruhig!", stöhnt Nele. „Siehst du nicht, dass wir fix und fertig sind? Wir müssen jetzt putzen."

„… und alles wieder einräumen." Pias Stimme zittert. Vor Erschöpfung fängt sie an zu weinen. Da hören sie unten im Flur den Schlüssel im Schloss. Papa und Mama kommen zurück.

„Einbrecher!", schreit Mama, als sie die Bescherung in der Küche sieht.

„Keine Einbrecher", schluchzt Pia und wankt aus dem Schlafzimmer. „Wir wollten …"

„… einen Frühlingsputz machen", beendet Nele den Satz.

„Dann ist ja alles gut", sagt Papa. Mama lässt sich auf der Küchenbank nieder, auf der schon ein Salatkopf sitzt.

„Wir könnten ja gemeinsam weitermachen", schlägt Nele vor. Jetzt ist sie gar nicht mehr so müde.

„Genau, das machen wir", sagt Mama. „Höchste Zeit für einen richtigen Frühjahrsputz!"

17. April

Hundertzwei Gespensterchen

Hundertzwei Gespensterchen
saßen irgendwo
hinter meinem Fensterchen.
Da erschrak ich so!

Hundertzwei Gespensterchen
haben mich erschreckt.
Weit entfernt vom Fensterchen
hab' ich mich versteckt.

Hundertzwei Gespensterchen
waren plötzlich fort.
Schlich mich schnell zum Fensterchen.
Fand sie nicht mehr dort.

Hundertzwei Gespensterchen,
denkt euch, wie famos,
waren an dem Fensterchen
Regentropfen bloß.

James Krüss

Gespenster-Bastelei

Stecke ein Schaschlikstäbchen in die Styroporkugel. Breite über die Kugel eine Serviette und knote den Zwirn unterhalb der Kugel fest. Fertig sind Kopf, Hals und Gewand des Gespensts. Binde für die Hände um zwei Serviettenzipfel jeweils ein Stück Zwirn. Male dann mit schwarzem Filzstift ein Gesicht.

18. April

Du brauchst:
Styroporkugeln
ca. 3 cm Ø
(im Bastelladen),
weiße Papier-
servietten,
schwarzen Filzstift,
weißen Zwirn,
Schaschlikstäbchen

Spiel von Maus und Katz

Kleine graue Maus,
bleib in deinem Haus.
Nimm dich in Acht,
der Kater ist erwacht.

Kleine graue Maus,
der Kater schleicht durchs Haus.
Husch aus der Tür!
Wir alle helfen dir.

So geht's: Ihr nehmt euch an den Händen, macht einen Kreis, der aber an einer Stelle offen bleibt. Ein Kind ist der Kater und schleicht um den Kreis herum, ein anderes Kind ist die Maus und sitzt in der Mitte des Kreises. Den ersten Vers sprecht ihr gemeinsam, im zweiten Vers versucht nun der Kater die Maus zu fangen. Die Kinder, die sich an den Händen halten, versuchen den Kater daran zu hindern. Fängt er die Maus, darf er als Nächster in den Kreis und selbst Maus spielen.

19. April

Du brauchst:
mind. 4 Mitspieler

Quiztag – finde die richtige Antwort

20. April   Kröten machen im Frühjahr lange Wanderungen. Warum?
– Sie wandern, um ihre Eier abzulegen.
– Sie wandern, um sich mit andern Kröten zu treffen.
– Sie wandern in wärmere Gebiete.

Sie legen ihre Eier ab.

In Gärten und auf Wiesen sieht man oft kleine Sandhügel. Welches Tier hinterlässt im Garten und auf der Wiese braune Hügel?
– Der Maulwurf gräbt sich durch die Erde und Sand.
– Der Igel macht diese Haufen.
– Diese Erdhaufen werden von Kaninchen aufgeschüttet.

Der Maulwurf

Stolpergedicht

21. April   Bums, zwei Stolpersteine
verhexen meine Beine.
Zwei verhexte Stolperbeine
stolpern über Stolpersteine.
Autsch, das ist gemein!
Du verflixter Stolperstein!

Regina Schwarz

Weißt du, warum es regnen kann, ohne dass eine Wolke am Himmel ist?

22. April   Die Regentropfen brauchen oft lang, bis sie auf die Erde fallen. Das hängt von ihrer Größe ab, von der Windgeschwindigkeit und von der Feuchtigkeit der Luft. Während die Tropfen nach unten fallen, hat die Wolke ihre Reise über den Himmel fortgesetzt oder sie hat sich vielleicht ganz aufgelöst. So kann es also passieren, dass du nass wirst, obwohl der Himmel über dir blau ist.

23. April

Der Kuckuck und der Esel

Der Kuckuck und der Esel,
die hatten einen Streit,
wer wohl am besten sänge,
wer wohl am besten sänge,
zur schönen Frühlingszeit,
zur schönen Frühlingszeit.

Der Kuckuck sprach: „Das kann ich!",
und fing gleich an zu schrein.
„Ich aber kann es besser,
ich aber kann es besser!",
fiel gleich der Esel ein,
fiel gleich der Esel ein.

Das klang so schön und lieblich,
so schön von fern und nah.
Sie sangen alle beide,
sie sangen alle beide:
„Kuckuck, kuckuck, i-a-haha,
kuckuck, kuckuck, i-a."

August Heinrich Hoffmann
von Fallersleben

Was weißt du über Esel?

Der Esel wurde viel früher zum Haustier der Menschen als das
Pferd. Schon vor über tausend Jahren gab es zahme Esel im Tal
des Nils in Afrika. Sie nahmen den Menschen das Tragen schwe-
rer Lasten ab. Als es später auch Wagen mit Rädern gab, musste
der Esel als Zugtier arbeiten. Irgendwann kam der Esel dann nach
Südeuropa und von dort auch zu uns.
Der Esel ist sehr ausdauernd, braucht wenig Wasser und kommt
längere Zeit ohne Fressen aus. Übrigens ist er gar nicht so dumm,
wie ihm manchmal nachgesagt wird. Er ist sogar ganz schön
schlau und weiß, wie er sich gegenüber den Menschen be-
haupten kann. Wenn man gut mit ihm umgeht, lässt er sich
als Freund gewinnen und ist dann ein bisschen weniger
störrisch.

24. April

Warum gibt es einen Tag des Baumes?

25. April

Um die Menschen immer wieder darauf aufmerksam zu machen, wie wichtig Bäume sind, wurde ein Tag des Baumes ausgerufen. Bäume sind die größten Pflanzen der Erde, manche von ihnen werden über hundert Meter hoch. Sie geben viel Sauerstoff ab, den die Menschen und die Tiere zum Atmen brauchen. Bäume verbessern die Luft, indem sie giftige Schmutzteilchen festhalten, die wir sonst einatmen müssten. Und sie spenden uns Schatten im Sommer. Man sollte sich also gut überlegen, bevor man einen großen Baum fällt.

Zu fällen einen schönen Baum
braucht's eine halbe Stunde kaum.
Zu wachsen, bis man ihn bewundert,
braucht er, bedenk es, ein Jahrhundert.

26. April

Die April-Geschichte vom Bauernhof

Auf der ganzen Welt gibt es keinen hübscheren Esel als Pippo. Fast alles an Pippo ist schön, bis auf seine Stimme. Die klingt wie eine rostige Türangel. Und bis auf seinen Eigensinn. Am schlimmsten ist der, wenn Mama ausreitet und Pippo mitnimmt. Meistens sitzen dann Susi und Paul zusammen auf dem Esel. Fast immer geht es am Wasserloch vorbei, das am Rand der großen Wiese liegt. Mamas Pferd Dicke mag das Wasserloch ebenso gern wie Pippo. Dicke stampft zuerst mit dem linken Vorderfuß ins Wasser, Pippo mit seinem rechten, bis der Schlamm nach allen Seiten spritzt. Haben beide genug vom Wasser, geht es weiter. Leider bleibt Pippo oft kurz nach dem Wasserloch stehen. Kein Mensch weiß, warum, nicht einmal Paul, der Pippo doch so gut kennt. Er steht einfach da und schaut auf den Boden. Die Ohren hält er nach vorne. Man könnte denken, er würde den Ameisen unter der Erde zuhören. Pippo steht da und rührt sich nicht mehr von der Stelle. Er geht nur weiter, wenn er wieder zurück zum Bauernhof darf. Wenn dann Papa den Esel mit Paul und Susi, aber ohne Mama und Dicke heimkommen sieht, weiß er, dass Pippo wieder einmal eigensinnig war.

„Aber vielleicht ist er gar nicht eigensinnig", sagt Paul. „Vielleicht möchte er sich nur in Ruhe etwas ausdenken."

„Er denkt sich aus, wo er das nächste Mal stehen bleibt", meint Susi und krault Pippo zwischen den Ohren.

27. April

Das Märchen vom Froschkönig

Es war einmal eine Königstochter. Die spielte im Park mit ihrer schönsten goldenen Kugel. Aber dann rollte die Kugel geradewegs in einen tiefen Brunnen hinein. Da weinte die Königstochter ganz schrecklich.

„Ich kann dir die goldene Kugel wiederbringen", sagte ein Frosch und streckte seinen Kopf aus dem Wasser. „Aber nur, wenn du mich lieb haben willst, mich von deinem goldenen Teller essen lässt und ich neben dir im Bett schlafen darf."

„Hässlicher Frosch", dachte die Königstochter, „du musst ja zum Glück im Wasser bleiben. Dir kann ich alles versprechen!" Und das tat sie auch.

Aber kaum hatte der Frosch die Kugel gebracht, rannte die Königstochter davon, so schnell sie konnte. „Nimm mich mit, wie du es versprochen hast!", rief ihr der Frosch hinterher. Aber umsonst.

Am andern Tag, als die Königstochter bei Tisch saß, patschte etwas die Marmortreppe hinauf. Pitsch, patsch, pitsch, patsch. Als sie sah, wer da kam, warf sie schnell die Tür zu. Doch der Frosch rief laut: „Mach auf, mach auf!"

Auch der König hörte das Rufen des Frosches und fragte seine Tochter, was das zu bedeuten hätte. Als er die Geschichte erfuhr, sagte er: „Was du versprochen hast, musst du halten."

Der Königstochter grauste es entsetzlich, als der Frosch von ihrem Teller aß. Als er sich dann aber zu ihr ins Bett legen wollte, wurde sie so zornig, dass sie ihn an die Wand warf. In diesem Augenblick verwandelte sich der Frosch wieder in den Prinzen, der er früher gewesen war, bevor ein böser Fluch ihn verzaubert hatte. Die Prinzessin fand den Prinzen so wunderschön, dass sie ihn auf der Stelle heiratete. Und sie lebten glücklich und zufrieden bis an ihr Lebensende.

Geburtstags-Kreisspiel

28. April

Und wer im April Geburtstag hat, tritt ein, tritt ein, tritt ein,
er mache im Kreis einen tiefen Knicks, tritt ein, tritt ein, tritt ein.
Mädel (oder Junge) dreh dich, Mädel (oder Junge) dreh dich!
Mach hopsasasa!

**Du brauchst:
mind. 3–4
Kinder**

So geht's: Wer Geburtstag hat, geht in den Kreis, dreht sich, und die anderen Kinder klatschen dazu. Für April kann man natürlich auch jeden anderen Monat einsetzen.

Eierbecher-Frosch

29. April

Du brauchst:
die Pappe einer
Toilettenpapierrolle,
Schere, Klebstoff,
Tonpapier, Filzstifte

Die Papierrolle auf 3 cm kürzen. Vom Tonpapier ein Rechteck mit den Seitenlängen 7 x 16 cm abschneiden. Den Papierstreifen um die Rolle wickeln und festkleben. Dabei darauf achten, dass das Papier an beiden Enden der Rolle etwa gleich übersteht. Die überstehenden Papierränder einschneiden. Diese Steifen jetzt auf der einen Seite in Richtung der Rollenöffnung falten und zu einer runden Fläche kleben. Das ist dann der Boden des Eierbechers. Auf der anderen Seite wird das überstehende Papier einfach in das Innere der Rolle gefaltet und festgeklebt. Danach schneidest du die Augen aus (zwei Kreise in der Größe eines Zweicentstückes) und klebst sie an der Rolle fest. Nun werden die Froschfüße ausgeschnitten und unten am Boden festgeklebt. Zum Schluss malst du die Augen gelb an, das Maul schwarz und den Körper knallgrün. Fertig ist dein Eierbecherfrosch.

ABC im April

30. April

Heute sind die Buchstaben G und H dran: die Giraffe, die Gurke, die Gans … und mit H: der Hund, der Hahn …
Male wieder ein Tier, das mit G anfängt und schreibe ein großes G darüber. Mit dem Buchstaben H machst du es genauso.
Und damit du dir die Buchstaben besser merken kannst, wieder ein Buchstabengedicht:

> Die Gabel tut dem Gurken-G,
> indem sie piekst, ganz schrecklich weh.
> Das H hüpft hustend aus dem Mund,
> denn heute ist es nicht gesund.
>
> *Regina Schwarz*

Mai

Was ist im Mai alles los?

1. Mai
Am 1. Mai wird in vielen Orten ein Maibaum aufgestellt. Er wird mit bunten Bändern geschmückt, mit immergrünen Zweigen, manchmal auch mit Holzfiguren, die die verschiedenen Handwerksberufe darstellen. Die immergrünen Zweige sollen immerwährenden Reichtum und Fruchtbarkeit schenken.
Am 1. Mai tanzen angeblich auch die Hexen auf dem Blocksberg. Den gibt es wirklich, und zwar im Harz, einem Gebirge mitten in Deutschland. Ob das mit den Hexen stimmt?
Im Mai gibt es auch noch den Tag der Arbeit, Muttertag, Christi Himmelfahrt und Pfingsten.

Der Tag der Arbeit

2. Mai
Gestern, am 1. Mai war auch der Tag der Arbeit. Der Tag wird begangen, um an den Kampf der Arbeiter und Arbeierinnen zu erinnern. Die mussten früher zehneinhalb Stunden am Tag an den Maschinen stehen, und das sechs Tage die Woche. Oft hatten sie auch weite Wege zur Arbeit, sodass kaum Zeit für ein paar Stunden Schlaf blieb. Die Arbeiter forderten daher eine Aufteilung von acht Stunden Arbeit, acht Stunden Erholung und acht Stunden Schlaf pro Tag, das Verbot von Kinderarbeit und 36 Stunden Freizeit am Wochenende. Damals schlossen sich Arbeiter zu Gewerkschaften zusammen, die es immer noch gibt.

Ein Zungenbrecher zum Üben

3. Mai
Siggi Spitz spitzt spitze Speere,
spitze Speere spitzt Siggi Spitz.

Verflixt vergnügter Hexentag

Das kleine Hexenkind wacht auf,
die Hexenuhr schlägt sieben.
Den ganzen lieben langen Tag
will es das Hexen üben.

Es hext ein großes Seifenstück,
ein Handtuch blau, mit Streifen.
Und immer, wenn es eiskalt duscht,
muss es ein Liedchen pfeifen.

Das Hexenkind schnippt in die Luft.
Da kommt der Hexenbesen.
Kehrt eins, zwei, drei die Küche aus,
als wäre nichts gewesen.

Es hext dem Papagei ein Dach,
der Katze Schuh und Socken.
Jetzt kann es regnen, wie es will.
Die Füße bleiben trocken.

Das Hexenkind fliegt mit Juchhe
gleich schnell noch eine Runde
durchs Hexental und flugs zurück.
Das dauert eine Stunde.

Das war ein toller Hexentag.
Und nachts, auf der Matratze,
da träumt das Hexenkind sich fort.
Daneben schnurrt die Katze.

Regina Schwarz

Bastel- und Spielideen im Wald

Aus Blättern, Samen, Wurzeln, Tannenzapfen, Rindenstücken, Moos, Grashalmen und Farnblättern kann man wunderbare Sachen basteln. Der Wald ist eine wahre Fundgrube für Bastelmaterial!

Binde z. B. mit Grashalmen kleine Stöckchen an die Tannenzapfen. So werden daraus Füße und Arme. Köpfchen kannst du aus zusammengerollten Grashalmen machen. Falls du Eicheln oder Kastanien vom Vorjahr findest, bastle Kühe und Pferde daraus. Die Kastanie ist der Körper, die Eichel der Kopf. Mit einer Feder entsteht ein Pfau oder ein Vogel Strauß. Baue jetzt Häuschen aus Zweigen und grabe Höhlen unter dem Moos. Alles zusammen ergibt dann ein kleines Dorf.

**Du brauchst:
kleine Lärchen- oder Kiefernzapfen,
kleine Stöckchen,
Grashalme,
Eicheln, Kastanien,
Moos**

Maikäfer

6. Mai

Hast du schon einmal einen Maikäfer gesehen? Im Mai und Juni sitzen sie tagsüber auf den Bäumen und nagen an den Blättern. In manchen Jahren werden sie zu einer richtigen Plage. In anderen Jahren findet man kaum welche. Die Männchen haben große Fühler, die Weibchen kleine. Nach der Paarung legen die Weibchen Eier in den feuchten Boden.

Etwa nach einem Monat schlüpfen die Jungen. Sie sehen aus wie kleine Nacktschnecken und werden Engerlinge genannt. Sie fressen besonders gern die Wurzeln der Pflanzen an. Spitzmaus, Maulwurf, Wildschwein und Igel sind ihre Feinde.

Vier Jahre bleiben die Engerlinge im Boden. Dann verwandeln sie sich in Käfer und klettern ans Tageslicht.

7. Mai

Geschichte vom Teich

Seit Annas Papa im Garten einen Teich gegraben hat, in dem jetzt Fische schwimmen, sitzt Annas Katze Grauchen am Teich und schaut ins Wasser. Wahrscheinlich findet sie die kleinen Fische, wenn sie durchs Wasser flitzen, viel aufregender als Fernsehen.

Aber immer nur sitzen und zuschauen langweilt Grauchen doch eines Tages. Fischefangen macht noch mehr Spaß! Wenn nur das Wasser nicht so nass wäre! Grauchen angelt mit der rechten Pfote, dann mit der linken, dann wieder mit der rechten, dann wieder mit der linken. Gleich hat sie ihn. – Doch gerade jetzt kommt etwas wie ein Ufo angeflogen. Es brummt laut und setzt sich genau auf Grauchens Kopf. Hilfe! Grauchen macht einen Satz und maunzt laut.

Anna lacht. „Ein Maikäfer! Das ist die Strafe, weil du nach den Fischen geangelt hast!" Grauchen verschwindet beleidigt im Haus.

Ein Mailied

Komm, lieber Mai, und mache die Bäume wieder grün,
und lass uns an dem Bache die kleinen Veilchen blühn!
Wie möchten wir so gerne ein Blümchen wieder sehn,
ach, lieber Mai, wie gerne einmal spazieren gehn.

8. Mai

Basteln für den Muttertag

Auf den Wiesen oder im Garten blühen schon Maiglöckchen, Ver-
gissmeinnicht und die ersten Rosen. Sammle einige Blütenblätter,
lege sie zwischen Küchenpapier in ein dickes Buch und presse sie.
Nach zwei Tagen kannst du sie schon auf eine Karte kleben – als
kleinen Strauß oder in Form einer Blüte.

9. Mai

**Du brauchst:
Bütenblätter,
Karte,
Kleber**

Christi Himmelfahrt

Genau 40 Tage nach Ostern und immer an einem Donnerstag
wird an die Himmelfahrt Christi gedacht. Die Bibel erzählt, dass
sich Jesus nach seiner Kreuzigung und Auferstehung an Ostern
immer wieder seinen Jüngern gezeigt und mit ihnen gesprochen
hat. Eines Tages sahen sie ihn wieder. Und plötzlich kam eine
Wolke und trug ihn hinauf bis in den Himmel.

10. Mai

Der Muttertag

11. Mai Der zweite Sonntag im Mai ist Muttertag. Der Muttertag wurde das erste Mal in Amerika gefeiert. Dort rief ihn die Amerikanerin Ann Jarvis vor fast hundert Jahren zu Ehren ihrer eigenen Mutter aus, die sich für die Rechte aller Mütter eingesetzt hatte. Am meisten wünschen sich die Mütter, dass ihre Kinder das ganze Jahr lieb zu ihnen sind.

Muttertagsgedicht

12. Mai Mama, du bist warm
und in deinem Arm
ist es so weich
wie im Himmelreich.

Die Eisheiligen

13. Mai Oft wird es zwischen dem 12. und 15. Mai nochmals richtig kalt. Dann spricht man von den Eisheiligen, und zwar vom heiligen Pankratius, Servatius und Bonifatius. Am 15. Mai folgt dann auch noch die heilige Sophia, die „kalte Sophie". Warum die Temperaturen gerade in diesen Tagen nochmals fallen, weiß man nicht genau. Mit den vier Heiligen, die sehr fromm waren, hat es bestimmt nichts zu tun. Eher damit, dass sich die Luft in dieser Jahreszeit noch nicht so richtig erwärmt hat und es bei starker Abkühlung schnell nochmals Frost geben kann. Hierzu gibt es eine Wetterregel:
Pankrazi, Servazi, Bonifazi sind drei frostige Bazi,
und zum Schluss fehlt nie die kalte Sophie.

Scherzfragen

Welche Mutter hat keine Kinder?

Radmutter

Welchen Raubtierzahn kann man pflücken?

Löwenzahn

Welches Raubtiermaul schnappt nicht nach dir?

Löwenmäulchen

14. Mai

15. Mai

Die Mai-Geschichte vom Bauernhof

„Jedes Kalb sieht anders aus", sagt Susi zu Papa und Paul, als sie auf der Wiese die Kälber bewundern.

„Wir haben sogar eines mit gelbem Gesicht", sagt Paul. „Wahrscheinlich frisst es immerzu Butterblumen."

„Nennen wir es doch Butterblume", schlägt Susi vor.

„Ein schöner Name für ein ungezogenes Kalb", sagt Papa.

„Ungezogen?", fragt Susi. „Was macht es denn?"

„Es versucht immerzu abzuhauen", antwortet Papa. „Alle andern Kälber bleiben bei ihren Müttern. Oder sie gehen friedlich auf der Wiese spazieren. Dieses Kalb schaut nur, wie und wo es ausreißen könnte. Sogar abends auf dem Heimweg spürt es sofort, wenn ich nicht richtig aufpasse."

Und eines Tages hat das Kalb es wirklich geschafft. Es ist ausgerissen.

„Wir müssen es suchen", sagt Papa.

„Dürfen wir mit?", betteln Susi und Paul.

„Ihr müsst sogar mit", sagt Papa. „Viele Augen sehen mehr als zwei."

Mit den Rädern fahren sie los. Lange sind sie unterwegs, bis Susi das Kalb entdeckt. Gemütlich liegt es auf einem Hügel unter einem Baum und schaut ins Gebirge.

„Wir schleichen uns mal lieber an", sagt Papa. „Das Kalb ist ziemlich schlau."

Butterblume freut sich nicht, als Papa, Mama, Susi und Paul auftauchen.

„So", sagt Papa zu Butterblume, „wir zwei gehen jetzt zu Fuß nach Hause. Da sind wir mindestens zwei Stunden unterwegs. Das wird dir nicht gefallen."

Dem Kalb gefällt der Heimweg überhaupt nicht. Schließlich ist es so müde, dass es im Stall nicht einmal mehr fressen will. Es wirft sich einfach aufs Stroh und schläft. Und es ist nie mehr ausgerissen.

16. Mai

Unsinnsgedicht

Mein Hund ist weggeflogen,
hockt jetzt mit meinem Schirm
auf einem Regenbogen.
Das will mir nicht ins Hirn!

Mein Kater ging zum Baden
am Nachmittag um drei –
jetzt hat er kalte Waden.
Mir ist das einerlei.

Mein Schwein wollt ins Theater
im langen Abendkleid.
Doch ist ihm das missraten –
der Weg war viel zu weit.

Mein Huhn ging Walzertanzen
in roten Stöckelschuhn.
Solls doch! Das hat im Ganzen
mit mir ja nichts zu tun!

Rosemarie Künzler-Behncke

Der Mai ist gekommen

17. Mai

Der Mai ist gekommen,
die Bäume schlagen aus,
da bleibe, wer Lust hat,
mit Sorgen zu Haus!
Wie Wolken, die wandern
am himmlischen Zelt,
so steht auch mir der Sinn
in die weite, weite Welt.

18. Mai

Quiztag – finde die richtige Antwort

Welches Tier lebt nicht im Regenwald?
– Der Löwe
– Der Papagei
– Der Panther

Der Löwe lebt in der Wüste.

Für was ist der Tukan besonders
berühmt?
– Für seine großen Flügel
– Für seine bunten Schwanzfedern
– Für seinen großen und bunten Schnabel

Der Tukan ist für seinen Schnabel berühmt.

Singspiel

Ein kleines gelbes Kälbchen
springt munter durch die Welt.
Es wackelt mit dem Hinterteil,
so wie es ihm gefällt.
Mu-uh! Mu-uh! Mu-uh!

Ein kleines graues Eselchen,
das wandert hinterdrein,
es wackelt mit den Ohren,
hüpft über Stock und Stein.
I-aa! I-aa! I-aa!

19. Mai

**Du brauchst:
mind. 1–2
Freunde**

So geht's: Ihr geht auf allen vieren und wackelt mit dem Hinterteil. Bei „Mu-uh" oder „I-aa" richtet ihr euch auf und lasst euch dann wieder in den Vierfüßlerstand fallen.

20. Mai

Fragen über Fragen – kannst du sie beantworten?

Fischen Austernfischer Austern,
bohrt der Wattwurm tief?
Heulen Heuler um die Wette
schaurig schön und schief?

Kegeln Kegelrobben heimlich
in der Nacht am Strand?
Oder liegen sie und träumen
auf der Seehundsbank?

Macht die Wellhornschnecke Wellen
nur bei Wind und Sturm?
Sieben sieben Sandgarnelen
vor dem Aussichtsturm?

Das sind Fragen über Fragen.
Kennt die nur der Wind?
Ich kann dazu gar nichts sagen:
Frag doch mal ein Kind.

Regina Schwarz

Ganz schön knifflig!

Was du machst, das mach auch ich:
Wenn du lachst, dann lach auch ich,
stehst du still, dann steh ich auch.
Gehst du, nun, dann geh ich auch.
Recke, rüttle, bücke dich,
strecke, schüttle, drücke ich,
was du tust, das tu auch ich.
Sage schnell mir, kennst du mich?
Spiegel

21. Mai

Pfingsten

22. Mai

Fünfzig Tage nach Ostern feiern wir Pfingsten. Pfingsten wird auch der Geburtstag der Kirche genannt. Die Bibel erzählt, dass die zwölf Jünger, die Jesus bis zu seinem Tod begleitet haben, immer noch große Angst hatten. Sie glaubten, es könnte ihnen so ergehen wie Jesus, der gekreuzigt wurde. Darum saßen sie hinter verschlossenen Türen und wagten sich kaum aus ihren Häusern. Doch plötzlich spürte Petrus, wie er seine Angst verlor. Auch den andern Jüngern erging es so. Sie waren überzeugt, dass Jesus ihnen den Heiligen Geist geschickt hatte. So gingen sie vor die Tür und erzählten den Menschen von Jesus und seiner Lehre. Und an diesem Tag verstanden die Menschen sich untereinander, wie sie sich noch nie zuvor verstanden hatten. Sogar dann, wenn sie aus verschiedenen Ländern kamen und in verschiedenen Sprachen redeten. Sinnbild für den Heiligen Geist, den die zwölf Jünger an diesem Tag spürten, ist die Taube, die auch Sinnbild für den Frieden ist. Du siehst sie auf vielen Altarbildern und anderen christlichen Gemälden.

23. Mai

Wenn der Bär verreisen will

Wenn der Bär nach Hause kommt,
dann freun sich alle sehr,
denn meistens bringt er Honig mit
und manchmal auch noch mehr.

Wenn der Bär sich ausruhn will,
dann legt er sich aufs Ohr.
Die Bärin holt sein Lieblingsbuch
und liest ihm daraus vor.

Wenn der Bär verreisen will,
dann packt er seine Taschen:
frische Wäsche, Proviant
und allerlei zum Naschen.

Manchmal ist der Bär allein,
dann kommt er mich besuchen.
Wir trinken ein Glas Gänsewein
und essen Marmorkuchen.

Wenn der Bär spazieren geht,
dann singt er Wanderlieder.
Schade ist, er kennt nur eins,
das singt er immer wieder.

Morgen wird das Wetter gut,
dann sitzt der Bär im Garten.
Er spielt mit Freunden „Fang den Hut"
und Domino und Karten.

Frantz Wittkamp

Das Märchen von Schneeweißchen und Rosenrot

Eine Witwe hatte zwei Töchter. Die hießen Schneeweißchen und Rosenrot nach den Rosenbäumchen, die vor dem Haus standen.

An einem Winterabend klopfte es an der Tür und ein Bär steckte seinen dicken Kopf herein. O, wie erschraken sie alle! Aber der Bär brummte: „Ich tu euch nichts, ich bin nur halb erfroren und möchte mich wärmen."

„Du armer Bär", sagte die Mutter, „leg dich ans Feuer." Von da an kam der Bär jeden Abend. Er wurde so zutraulich, dass die Mädchen ihm den Pelz kraulen konnten. Wenn sie es zu arg trieben, brummte er: „Schneeweißchen und Rosenrot, schlagt nicht den Bräutigam tot!"

Als es Frühling wurde, sagte der Bär: „Jetzt muss ich in den Wald und meine Schätze retten. Sobald der Schnee schmilzt, kommt nämlich ein bitterböser Zwerg aus seiner Höhle und stiehlt mir, was er kann."

Da nahmen sie alle traurig Abschied voneinander.

An einem Sommertag, als Schneeweißchen und Rosenrot Beeren im Wald sammelten, sahen sie einen Zwerg, dessen Bart sich zwischen zwei Hölzern eingeklemmt hatte. Als die Mädchen ihn befreit hatten, dankte er es ihnen nicht, sondern schrie böse: „Lasst euch hier nicht mehr blicken!" Aber bald darauf hörten sie am Bach im Wald ein schreckliches Heulen. Da stand der Zwerg schon wieder. Diesmal hatte sich die Angelschnur in seinem Bart verheddert. Schnell schnitten ihm die Mädchen ein Stück von seinem Bart ab, sonst wäre er ins Wasser gefallen und ertrunken. Aber auch diesmal beschwerte er sich nur und nannte sie dumme Dinger. Eines Tages liefen sie dem Zwerg nochmals über den Weg. Er saß auf einer Waldlichtung und leerte einen Sack Edelsteine aus. Als er die Mädchen bemerkte, wurde er fuchsteufelswild. Doch in diesem Moment kam brummend ein Bär zwischen den Zweigen hervor. Als der Zwerg den Bär sah, schrie er: „Fresst die Mädchen, die sind dick und rund. Da habt Ihr mehr davon!"

Aber schon hatte der Bär die Tatze erhoben, und mit einem einzigen Hieb rührte sich der boshafte Zwerg nicht mehr.

„Schneeweißen und Rosenrot, habt keine Angst", sagte nun der Bär und verwandelte sich vor ihren Augen in einen wunderschönen Prinzen. „Der böse Zwerg hatte mich verzaubert. Erst jetzt, wo er tot ist, bin ich erlöst."

Bald darauf heiratete der Prinz das Schneeweißchen und sein Bruder Rosenrot. Und sie lebten glücklich und zufrieden bis an ihr Lebensende.

Was weißt du über Bären?

25. Mai

Sicher weißt du, dass Grizzlybären vor allem in Kanada leben und Eisbären am Nordpol. Aber auch in Deutschland gab es früher viele Bären. Leider wurden die ausgerottet. Über 100 Jahre später, 2006, wanderte ein Braunbär von Italien nach Deutschland ein. Er kam nur bis Bayern, wo er dann getötet wurde.

Seit ungefähr 50 Jahren hat sich bei uns der Waschbär breitgemacht. Er putzt sich ständig und stammt eigentlich aus Nordamerika. In kalten Wintern hält der Waschbär eine Art Winterruhe. Dann schläft er viel und macht sich nur auf Futtersuche, wenn er sehr hungrig ist.

26. Mai

Gedicht vom kleinen Männlein und den Forellen

Es fiel ein kleines Männlein
in einen großen Bach.
Da ist es fast ertrunken.
Schon schrie es Weh und Ach!

Das hörten die Forellen,
die schwammen flugs herbei
und machten eine Brücke,
just immer zwei und zwei.

Drauf schritt mein winzig' Männlein
zum breiten Ufer hin.
Nun lachte es gewaltig,
weil es so sehr geschrien.

Doch wie es wieder trocken,
nahm es die Angel schnell
und angelte gemächlich
Forellchen um Forell'.

Es rutschte aus, fiel wieder
ins Wasser mit Geschnauf.
Da kamen die Forellen
und fraßen flugs es auf.

Anziehpuppen aus Tonpapier

27. Mai

Suche dir erst eine gute Vorlage. Auf das entsprechende Bild legst du nun ein Transparentpapier und zeichnest die Umrisse ab, schneidest die Figur aus, legst sie auf ein helles Tonpapier und schneidest sie nochmals aus. Gesicht und Haare malst du auf. Für jedes Kleid, jede Hose, Handschuhe, Stiefel oder Mütze legst du die ausgeschnittene Puppe auf buntes Tonpapier und malst außen herum die entsprechende Form. Bevor du die Kleidungsstücke ausschneidest, zeichnest du noch Papierlaschen an die Schulter oder an die Taille oder unten an die Stiefel. Wenn du dann an den ausgeschnittenen Kleidern die Laschen umknickst und an deine Papierpuppe an- oder einhängst, können sie nicht herunterfallen.

Du brauchst:
Transparentpapier,
Tonpapier,
Farbstifte,
Schere

Unsinnsgedicht für Geburtstagskinder

28. Mai

Herr Tausendfuß hat seine Socken
im Garten aufgehängt zum Trocknen.
Tausend Socken, das ist viel
und fürwahr kein Kinderspiel.
Allesamt ganz frisch und reine
flattern lustig auf der Leine –
blaue, rote, gelbe, grüne,
schwarze, weiße dicke, dünne.

Nur – was seh' ich? Wahrlich doch!
Manche haben schon ein Loch!
Darum hab ich mir gedacht,
was hier wirklich Freude macht,
ist ein neues Sockenpaar
für das nächste Lebensjahr.

Rosemarie Künzler-Behncke

ABC im Mai

29. Mai

Heute kommen die Buchstaben I und J an die Reihe. Welche Wörter fallen dir bei I ein? Igel, Indianer, Iglu ... Mit J fangen auch viele Wörter an: Jaguar, Jäger, Jakob ...
Male die Wörter und schreibe die neuen Buchstaben daneben.
Und gleich noch ein Buchstabengedicht:
Ina, Iris, Isabell,
irre schlau und irre schnell.
Jutta, Justus, Julian,
dreimal steiler Affenzahn!

Regina Schwarz

30. Mai

Was lernt der Löwe in der Schule?

Wenn ein Löwe in die Schule geht,
lernt er brüllen und schleichen
und mit weichen Tatzen kratzen.

Wenn ein Hase in die Schule geht,
lernt er mümmeln und lümmeln,
hoppeln und springen,
aber nicht singen.

Wenn ein Igel in die Schule geht,
lernt er Kugel spielen,
nachts holterdipoltern
und die langen Schlangen fangen.

Wenn ein Rasenmäher in die Schule geht,
was lernt er dann?
Rasen scheren, Ruhe stören,
schneidig blinken und stinken.

Friedl Hofbauer/Anna Melach

Kleiner Auszählreim

31. Mai

Ene, mene,
dicke, dacke,
done, schnacke,
zedriwu,
drauß' bist du.

Juni

Was ist im Juni alles los?

1. Juni

Obwohl die Sommerzeit schon im März beginnt, fängt der Sommer erst am 21. Juni an. Mit dem Sommeranfang fangen in vielen Ländern die großen Ferien an. Im Juni wird der internationale Tag der Umwelt, der internationale Tag der Milch und in vielen Orten der Tag des Radfahrens begangen. Zudem gibt es noch den Siebenschläfertag, die geheimnisvolle Johannisnacht, den hohen christlichen Feiertag Fronleichnam und den Gedenktag an Peter und Paul.

Warum gibt es einen Tag des Radfahrens?

2. Juni

Radfahren ist nicht nur sehr gesund, sondern auch umweltfreundlich. Vor ca. 150 Jahren kam ein erst 13-jähriger Junge, Ernest Micheaux aus Paris, auf die Idee, ein damals verwendetes zweirädriges Laufrad aus Holz mit einer Kurbel zu versehen. Jetzt musste er nicht mehr alle paar Meter die Füße auf den Boden setzen, um Schwung zu holen. Er konnte auf dem Rad sitzen bleiben und brauchte nur noch in die Kurbel – heute Pedale genannt – zu treten. Die Bürger von Paris waren von der Erfindung so begeistert, dass sie diese neue Art von Fahrrädern zu Ehren des jungen Erfinders „Michauline" nannten.

Später kamen dann noch die Reifen aus Gummi dazu. Jetzt konnten die Radler, ohne durchgerüttelt zu werden, über das Kopfsteinpflaster fahren. Seit damals wurde noch viel an den Fahrrädern verändert und verbessert, vor allem sind sie sicherer geworden.

Unsinnsgedicht zum Auswendiglernen

3. Juni

Meine Mu-, meine Mu-, meine Mutter schickt mich her,
ob der Ku-, ob der Ku-, ob der Kuchen fertig wär'.
Wenn er no-, wenn er no-, wenn er noch nicht fertig wär',
komm ich mo-, komm ich mo-, komm ich morgen nochmals her.

Wir basteln ein Boot aus Baumrinde

4. Juni

Das Rindenstück wird der Bootskörper. Ein Erwachsener sollte mit dem Taschenmesser die Unterseite der kleinen Boote rund und glatt schnitzen, die Oberseite eben. Ein flaches Stück Rinde wird das Steuerruder und hinten am Boot befestigt. Am besten schneidest du dazu einen kleinen Schlitz in den Bootskörper und klebst das Ruder darin fest. Nun braucht das Boot noch einen Mast. Dazu lässt du einen Erwachsenen ein Loch in die Oberseite bohren, ungefähr auf halber Länge des Schiffchens. Stecke einen kleinen Stab aus Haselnussholz hinein und befestige dann später das Segel aus einem Stück Plastiktüte daran.

Du brauchst: Baumrinde, Stöckchen, Plastiktüte

Warum gibt es einen Tag der Umwelt?

5. Juni

In Erinnerung an die Konferenz der Vereinten Nationen zum Schutz der Umwelt am 5. Juni 1972 in Stockholm, haben die Vereinten Nationen und später auch Deutschland den 5. Juni zum jährlichen „Tag der Umwelt" erklärt.
Umweltschutz geht uns alle an! An diesem Tag sollten wir darüber nachdenken, wie wir sparsamer mit den Schätzen umgehen können, die uns die Natur schenkt. Überlegt doch einmal, wie auch eure Familie dazu beitragen kann.

Rätsel für Zahlenfreunde

6. Juni

Nimm doch einmal an, da wären 60 Nasenbären. Und die 60 Nasenbären wollen alle am Morgen ihre Nasen noch schnell an deiner reiben, bevor du in die Schule musst. Wie lange brauchen die 60 Nasenbären, wenn jedes Nasenreiben zwei Sekunden dauert? Oder kannst du die Sekunden sogar in Minuten umrechnen?

7. Juni

Fragen über Fragen – kannst du sie beantworten?

Tragen Taschenkrebse Taschen
voll mit Krebssalat?
Oder üben sie bei Ebbe
einen Krebsspagat?

Fährt ein Seestern mit dem Dampfer
übers weite Meer?
Ohne Kompass, ohne Fernrohr,
einfach kreuz und quer?

Krabbeln Krabben unter Wasser?
Wuscheln Muscheln gern?
Haben Möwen, wie die Menschen,
einen Lieblingsstern?

Das sind Fragen über Fragen.
Kennt die nur der Wind?
Ich kann dazu gar nichts sagen.
Frag doch mal ein Kind.

Regina Schwarz

Das Land der Zwerge

8. Juni

So ist es im Land der Zwerge:
Ameisenhaufen sind die Berge.
Das Sandkorn ist ein Felsenstück,
der Seidenfaden ist ein Strick.
Die Nadel ist da eine Stange,
ein Würmlein ist da eine Schlange.
Als Elefant gilt da die Maus,
der Fingerhut ist da ein Haus.
Die Fenster sind wie Nadelöhre,
das Glas voll Wasser wird zum Meere.
Der dickste Baum ist dünn wie Haar,
der Augenblick ist da ein Jahr.

9. Juni

Das Lied vom buckligen Männlein

Will ich in mein Gärtlein gehen,
will mein' Zwiebeln gießen,
steht ein bucklig Männlein da,
fängt gleich an zu niesen.

Will ich in mein Küchel gehen,
will mein Süpplein kochen,
steht ein bucklig Männlein da,
hat mein' Topf zerbrochen.

Will ich in mein Stüblein gehen,
will mein Müslein essen,
steht ein bucklig Männlein da,
hat's schon halb gegessen.

Geh' ich in mein Kämmerlein,
will mein Bettchen machen,
steht das bucklig Männlein da,
fängt gleich an zu lachen.

Will ich in mein Bettlein gehen,
will ein bisschen beten,
steht das bucklig Männlein da,
fängt gleich an zu reden:

„Liebes Kindlein, ach ich bitt',
bet' fürs bucklig Männlein mit."

Wir spielen „Obstsalat"

So geht's: Alle Kinder sitzen im Kreis auf Stühlen. Jedes Kind bekommt den Namen einer Frucht. Es sollten nicht mehr als fünf Früchte sein (die Namen der Früchte können auch zweimal vergeben werden). Das Kind in der Mitte, das keinen Stuhl hat, ist Koch und bereitet den „Obstsalat" zu. Es sagt zum Beispiel: „Ich mache einen Obstsalat aus Äpfeln, Birnen und Trauben." Nun tauschen die genannten Obstsorten die Plätze und auch der Koch sucht sich einen Stuhl. Wer übrig bleibt, wird nun der Koch. Wenn er dreimal hintereinander keinen Stuhl findet, scheidet er als „faules Obst" aus. Dann gibt es einen Stuhl weniger. Wer am Ende übrig bleibt, hat gewonnen.

10. Juni

**Du brauchst:
viele Mitspieler,
einen Stuhl weniger
als Kinder**

11. Juni

Geschichte vom Teich

Am Sonntagmorgen gibt es im Garten ein Höllenspektakel. Anna, Papa und Mama sausen aus den Betten.

Ein Entenpärchen ist laut schnatternd in ihrem Teich gelandet. Schon gründeln sie kopfüber im Schlamm. Die Goldfische stieben nach allen Seiten davon. Auch Grauchen, Annas Katze, jagt ins Haus zurück.

Die Enten tun so, als ob ihnen der Teich schon immer gehört hätte. Gut gelaunt steigen sie aus dem Wasser und watscheln im Garten umher, köpfen die schönsten Blumen und knabbern an jungen Pflanzen. Anschließend machen sie es sich auf der Terrasse bequem und lassen einiges fallen, was dort nicht hingehört.

„Was sollen wir tun?", jammert Mama, als sich die Enten bis zum Abend noch nicht haben vertreiben lassen. „Wenn die einen Tag länger bei uns sind, gibt es weder Blumen noch Salat." Aber Mama muss sich keine Gedanken mehr um die Enten machen. Nero, der Nachbarshund hat es wieder einmal geschafft, unter dem Zaun ein Loch zu buddeln. Wie der Blitz stürzt er auf die Enten zu. In letzter Sekunde flattern sie davon.

„Das war aber knapp", sagt Papa. Das finden die Enten wohl auch, denn sie kommen nicht mehr zurück.

Weißt du, wie Enten leben?

12. Juni Wenn ihr zum nächsten Teich oder See geht, seht ihr dort bestimmt Enten schwimmen. Meistens sind es Stockenten. Die Männchen haben ein bunteres Federkleid als die Weibchen. Meistens schwimmen Enten paarweise. Sie bleiben ihr ganzes Leben zusammen, sofern sie nicht mit Gewalt getrennt werden. Sie bauen ihr Nest oft im Schilf oder auf einer kleinen Insel im Wasser. Im Sommer schlüpft dann der Nachwuchs aus den Eiern. Schon bald schwimmen die kleinen Enten hinter ihren Eltern her und lernen, selbst Futter zu suchen.

In manchen Teilen der Welt, zum Beispiel in Südamerika, galten die Enten als heilig. Die Ureinwohner Finnlands glaubten sogar, dass die Welt von einer Ente erschaffen wurde. Deshalb wurden Enten dort weder gejagt noch gegessen.

Du bist da, und ich bin hier

Du bist da, und ich bin hier.
Du bist Pflanze, ich bin Tier.
Du bist Riese, ich bin Zwerg.
Du bist Tal, und ich bin Berg.
Du bist leicht, und ich bin schwer.
Du bist voll, und ich bin leer.
Du bist heiß, und ich bin kalt.
Du bist jung, und ich bin alt.

Du bist sie, und ich bin er.
Du bist Land, und ich bin Meer.
Du bist dunkel, ich bin hell.
Du bist langsam, ich bin schnell.
Du bist schmal, und ich bin breit.
Du bist Anzug, ich bin Kleid.
Du bist einsam, ich allein.
Komm, wir wollen Freunde sein.

Frantz Wittkamp

Fronleichnam

In der katholischen Kirche ist Fronleichnam ein ganz besonderer Feiertag. Er wird immer zehn Tage nach dem Pfingstsonntag gefeiert, also immer an einem Donnerstag. Das Wort „Fronleichnam" bedeutet „Leib des Herrn". So wird bei den Fronleichnamsprozessionen Brot als Zeichen vom Leib Christi durch die Straßen getragen. Hinter den Geistlichen, die die Monstranz mit dem Allerheiligsten tragen, gehen die Erstkommunikanten. An vier Altären wird das Evangelium gelesen und der Segen erteilt. Kinder streuen Blumen und alle, die bei dieser Prozession mitgehen, singen und beten. Auch die Straßen werden mit Blumen und frischen Birkenzweigen festlich geschmückt.

15. Juni

Buchstaben-Lied

Auf der Mauer, auf der Lauer
sitzt 'ne große Wanz,
auf der Mauer, auf der Lauer
sitzt 'ne große Wanz.
Seht einmal die Wanz an,
wie die Wanz tanz kann,
auf der Mauer, auf der Lauer
sitzt 'ne große Wanz.

Auf der Mauer, auf der Lauer
sitzt 'ne große Wan,
auf der Mauer, auf der Lauer
sitzt 'ne große Wan.

Auf der Mauer, auf der Lauer
sitzt 'ne große Wa,
auf der Mauer, auf der Lauer
sitzt 'ne große Wa.

Auf der Mauer, auf der Lauer
sitzt 'ne große W,
auf der Mauer, auf der Lauer
sitzt 'ne große W.
Seht einmal die W an,
wie die W t kann,
auf der Mauer, auf der Lauer
sitzt 'ne große W.

Unsinnsgedicht zum Auswendiglernen

16. Juni

In Frankfurt uf em Türmche
saß e Würmche mit em Schirmche,
kam e Stürmche,
blies des Würmche
mit em Schirmche
von dem Türmche.

Heute machen wir Spielgeld

So geht's: Lege die Geldmünzen unter das Papier. Fahre mit dem Bleistift so lang darüber, bis der Abdruck der Münzen darauf ist. Schneide die durchgepausten Münzen aus, und schon hast du Papiergeld für den Kaufladen.

17. Juni

**Du brauchst:
Geldmünzen,
Papier,
weichen Bleistift,
Schere**

Singspiel vom Taler

Taler, Taler, du musst wandern,
von der einen Hand zur andern,
das ist schön, das ist schön,
Taler, lass dich nur nicht sehn!

18. Juni

So geht's: Ihr sitzt um den Tisch, die Hände auf der Tischplatte. Ein Geldstück geht nun im Kreis herum, wandert also unter einer Handfläche zur andern, aber so, dass man es möglichst nicht sieht. Ein Kind spielt nicht mit, sondern beobachtet die andern. Meint es zu wissen, unter welchen Händen sich der Taler gerade befindet, zeigt es darauf und ruft: „Hände umdrehen!" Wenn der Taler wirklich darunter ist, muss jetzt derjenige raten, der erwischt wurde. Im andern Fall wird weiter geraten.

Zungenbrecher zum Üben

Fledermäuse fressen fleißig frische Fliegen.
Frische Fliegen fressen Fledermäuse fleißig.

19. Juni

20. Juni

Die Juni-Geschichte vom Bauernhof

Rosa heißt Rosa, weil sie ganz und gar rosa ist. Selten hat es ein so hübsches und appetitliches Ferkel gegeben.

Rosa hat einen netten Stall und davor einen kleinen Hof, in dem sie spazieren gehen kann. Manchmal darf sie auch mit Paul auf die Wiese hinterm Haus. Dann freut sie sich und grunzt freundlich. Wenn aber Paul keine Zeit für sie hat, quiekt sie laut und ärgerlich.

So wie heute. Rosa ist ungeduldig, weil Paul sich drei Tage nicht hat sehen lassen. Zuerst ist er mit Papa aufs Feld gefahren. Dann ist der Esel Pippo in einen Nagel getreten und Paul wartete, bis der Tierarzt kam. Als Paul nun endlich zu Rosa geht und das Gatter an ihrem kleinen Hof aufmacht, rennt sie ihn vor Zorn einfach um. Paul erschrickt so, dass er auf Rosas Rücken fällt und sich gerade noch an ihren Ohren festhalten kann.

Papa, Mama und Susi sind sprachlos, als Rosa mit Paul auf dem Rücken an ihnen vorbeisaust. Am Misthaufen hinter der Wiese rutscht Paul von Rosas Rücken herunter. Es wäre besser gewesen, er wäre noch ein bisschen drauf geblieben. Denn so fällt er mitten in den Dreck. Rosa hat nur schmutzige Beinchen. Sie grunzt freundlich und sieht zu, wie Paul aus dem Mist steigt. Jetzt ist Rosa nicht mehr sauer.

Sommeranfang und Sommersonnenwende

21. Juni Unsere Erde wandert im Jahr einmal um die Sonne. Sie steht schräg zur Sonne, daher bekommt die nördliche Halbkugel von März bis September mehr Sonne ab als die südliche. Für die übrige Zeit des Jahres ist das umgekehrt. Am 21. Juni erreicht die Sonne ihren nördlichsten Punkt über der Erde. Das nennt man Sommersonnenwende. Es ist der längste Tag, gefolgt von der kürzesten Nacht des Jahres. Ab dem 21. Juni werden die Tage wieder kürzer. Der längste Tag im Jahr muss natürlich gefeiert werden! Daher werden an vielen Orten riesige Feuer angezündet.

Scherzfragen

Welche Hähne krähen nicht?

Wasserhähne

Warum fressen die weißen Schafe mehr als die schwarzen?

Weil es mehr weiße Schafe gibt.

Auf welche Schlangen trifft man auch mitten in der Stadt?

Auf Autoschlangen

Was weißt du übers Schwein?

Erinnerst du dich an Rosa? Schweine sind nicht schmutzig, sie sind viel reinlicher als andere Tiere. Aber weil sie wenig Borsten haben, können sie ganz schnell einen Sonnenbrand bekommen, deshalb nehmen sie vor allem im Sommer ein Schlammbad. Der Schlamm hält auch die Fliegen ab.

Schweine haben ein gutes Ortsgedächtnis. Außerdem fressen sie alles, was auch dir schmecken würde. Sie mögen aber auch Gras und Eicheln.

Die Johannisnacht

Drei Tage nach der Sommersonnenwende ist die Johannisnacht, das Fest Johannes des Täufers. In der Johannisnacht, so wird in Märchen und Geschichten erzählt, passieren oft zauberhafte Dinge: In dieser Nacht öffnen sich Höhlen und Berge, in denen Gold und Edelsteine liegen. Elfen und Zwerge kommen heraus und zeigen sich den Menschen. Aus tiefen Seen ertönt Glockenläuten. Seejungfrauen und Wassermänner tummeln sich zwischen Seerosen und Schilf, und Glühwürmchen leuchten ihnen.

Auch Kräuter, die um Mitternacht gesammelt werden, sollen ganz besonders heilkräftig sein.

Witztag

25. Juni Gehen zwei Zahnstocher zum Bergsteigen. Sie kommen völlig erledigt oben am Gipfel an, genau in dem Moment, als von der andern Seite ein Igel eintrifft. Sagt der eine Zahnstocher zum andern: „Hätte ich gewusst, dass ein Bus herauffährt, wäre ich nicht zu Fuß gegangen."

Weißt du, was ein Siebenschläfer ist?

26. Juni Siebenschläfer sind Nagetiere. Sie haben ein braunes Fell, einen buschigen Schwanz und sehen Eichhörnchen ziemlich ähnlich.
Der Siebenschläfer ist ein richtiger Schlafratz! Meistens schläft er sieben Monate. Am Anfang des Herbstes stopft er sich mit Nüssen aller Art dick und voll, schlüpft dann in seine Höhle in einem alten Baum und schläft, bis ihn die Sonne im warmen Frühling wieder weckt. Dann ist er ganz mager geworden und muss sofort wieder auf die Suche nach Essbarem gehen. Er liebt Vogeleier über alles, dann Insekten und angeblich auch Schnecken. Brrrr!
Im Juni gibt es Nachwuchs. Ein halbes Dutzend kleiner Siebenschläfer kommt da zur Welt. Die sind zunächst blind und taub. Die Mutter versorgt sie mit Milch und später mit kräftigem Futter, sodass sie richtig schnell wachsen und am Ende des Sommers den langen Winterschlaf gut überstehen.

Siebenschläfertag

27. Juni Wenn die Siebenschläfer Regen kochen, dann regnet's ganze sieben Wochen, sagt eine alte Bauernregel.
Der Tag wurde aber nicht nach dem Siebenschläfer benannt, sondern geht auf die Sage von sieben Brüdern zurück, die vor vielen hundert Jahren wegen ihres christlichen Glaubens in einer Höhle eingeschlossen wurden. Fast 200 Jahre danach wurde die Höhle zufällig wieder geöffnet. Wie waren die Menschen damals erstaunt, als sie die sieben Brüder, die die ganze Zeit geschlafen hatten, lebend vorfanden.
Die sieben Brüder gelten auch als Schutzpatrone der Schiffer. Sie mögen es, wenn es regnet und Flüsse und Seen viel Wasser führen.

28. Juni

Das Märchen vom gestiefelten Kater

Es war einmal ein Müller, der hatte drei Söhne. Als er starb, erbte der älteste Sohn die Mühle, der mittlere den Esel und der jüngste den Kater. Traurig sagte der jüngste Sohn: „Wozu soll der Kater gut sein? Aus seinem Fell kann ich mir gerade ein paar Handschuhe machen lassen."

„Tu das nicht!", sprach der Kater „Lass mir lieber ein paar Stiefel anfertigen. Du wirst es nicht bereuen." Kaum waren die Stiefel fertig, zog sie der Kater an und verschwand im Wald.

Damals regierte ein König, der nichts lieber aß, als Rebhühner. Doch die Vögel waren so scheu, dass sie bis auf den Kater kaum jemand erwischte. Der aber fing sie, steckte sie in einen Sack und brachte sie dem König mit einem Gruß seines Herrn, dem Grafen. Als der Kater wieder zum Schlosstor hinausging, hörte er, dass der König mit seiner Tochter eine Spazierfahrt zum See machen wollte. Schnell sauste er zu seinem Herrn: „Komm mit und spring in den See!", sagte er. Kaum war sein Herr im Wasser, versteckte der Kater seine alten Kleider.

Als nun die Kutsche kam, rief er: „Herrje, meinem Herrn, dem Grafen, sind die Kleider gestohlen worden!" Schleunigst musste ein Diener zurücklaufen und herrschaftliche Gewänder bringen. Dann durfte der junge Müllerssohn als Graf in die Kutsche steigen, denn er war schön und gefiel der Prinzessin.

Der Kater aber lief voraus zum Schloss des großen Zauberers. Keck marschierte er hinein. „Man sagt, du bist ein großer Zauberer", fing der Kater an. „Bestimmt kannst du dich in einen Elefanten verwandeln. Aber auch in eine Maus?"

„Lächerlich!", antwortete der Zauberer und rannte als Mäuschen vor dem Kater auf und ab. Der machte einen Satz, und schon war der Zauberer gefressen.

Da kam bereits die königliche Kutsche angefahren. Der Kater stellte sich oben an die Treppe und rief: „Willkommen im Schloss meines Herrn!" Da machte der König große Augen, denn es war noch schöner als sein eigenes.

Und darum durfte die Prinzessin den Grafen heiraten. Als der alte König starb, wurden sie König und Königin. Und der gestiefelte Kater war der Erste Minister.

Quiztag – finde die richtige Antwort

29. Juni Welchen Baum nehmen die Fischer bestimmt nicht mit aufs
Meer?
– Christbaum
– Mastbaum
– Maibaum

Maibaum

Welcher der folgenden Bären ist für Menschen gefährlich?
– Schwarzbär
– Ameisenbär
– Waschbär

Schwarzbär

ABC im Juni

30. Juni Heute sind K und L an der Reihe. Krokodil, Kalb oder Kuckuck
fangen mit K an. Der Löwe fängt mit dem Buchstaben L an, auch
die Libelle … Male einen Löwen und ein Krokodil und schreibe
die Buchstaben darüber.
Und dazu noch ein Buchstabengedicht:

Knabber, knabber, Knusperkuchen,
wer hier knuspert, der muss suchen.
Lirum, Larum, Läusebein,
Läuselümmel soll es sein

Regina Schwarz

Juli

Was ist im Juli alles los?

1. Juli In vielen Ländern fangen die Sommerferien an. Kinder auf der ganzen Welt freuen sich, dass sie wochenlang ihre Schultaschen in die Ecke stellen können.

Wer nicht verreist, kann auch zu Hause schöne Ferien erleben. Und wenn es an Siebenschläfer nicht geregnet hat, ist im Juli und August meistens Badewetter. Wenn du nicht im Schwimmbad bist, machst du vielleicht mit deinen Eltern Ausflüge mit dem Fahrrad. Zuvor packt ihr dann noch den Picknickkorb.

Ein Gedicht vom Ferienkoffer

2. Juli „Kinder, einsteigen, es wird Zeit!"
Der Wagen steht zur Abfahrt bereit.
Bis oben hin ist der Kofferraum voll.
„Du meine Güte", sagt der Vater, „wo soll
denn dieser Riesenkoffer noch hin?"
Er hebt ihn auf. „Da ist ja nichts drin!"
„O doch", sagt Kurtchen. „Vorsichtig anfassen –
ich hab ihn voll Sonne scheinen lassen,
und wenn es mal regnet, dann machen wir schnell
den Kofferraum auf, gleich wird's wieder hell."

Hans Baumann

Wörter-Suchspiel für lange Fahrten

3. Juli Gegen Langeweile im Auto oder Zug gibt es wunderbare Spiele. So geht's: Aus den Buchstaben des eigenen Namens soll ein Zoo entstehen. Marie zum Beispiel kauft für ihren Zoo einen Marabu, einen Affen, ein Rüsselschwein, einen Igel und einen Elefanten. Jetzt hat sie alle Buchstaben ihres Namens verwendet.

Thomas kauft eine Tarantel, ein Höckerdromedar, einen Ozelot ... Alle Mitspieler haben jeweils zwei Minuten Zeit. Sind die Namen besonders lang, muss ihnen eine Minute mehr zugestanden werden. Natürlich muss es nicht unbedingt der Zoo sein. Du kannst einen Laden einrichten oder dir die verschiedensten Gemüse für eine Suppe überlegen oder auch ein Zimmer einrichten.

4. Juli

Ein Sommerlied

Text: Paul Gerhard
Melodie: August Harder

1. Geh aus, mein Herz und su-che Freud in die-ser__ schö-nen Som-mers-zeit an dei-nes Got-tes__ Ga-ben! Schau an der schö-nen Gär-ten__ Zier und sie-he, wie sie mir__ und__ dir sich__ aus-ge-schmü-cket ha-ben, sich aus-ge-schmü-cket ha-ben!

Die Bäume stehen voller Laub,
das Erdreich decket seinen Staub
mit einem grünen Kleide.
Narzissen und die Tulipan,
die ziehen sich viel schöner an
als Salomonis Seide.

Die Glucke führt ihr Völklein aus,
der Storch baut und bewohnt sein Haus,
das Schwälblein speist die Jungen.
Der schnelle Hirsch, das leichte Reh
sind froh und kommt aus seiner Höh'
ins tiefe Gras gesprungen.

Spruch für einen, der zu den Riesen reist

So geht es im Lande der Riesen:
Da nähen die Schneider mit Spießen,
da stricken die Mädchen mit Stangen,
da füttert man Meisen mit Schlangen.
Da malen mit Besen die Maler,
da macht man wie Kuchen die Taler.
Da schießt man die Mücken mit Pfeilen,
da webt man die Leinwand aus Seilen.

5. Juli

Ein kleiner Sommergarten

5. Juli

Du brauchst:
1 flachen Pappkarton,
etwa 40 x 40 cm (aus
dem Supermarkt),
Plastikfolie (Plastiktü-
te), Blumenerde,
Kieselsteine, kleine
Pflanzen

Wenn du nicht wegfährst, kannst du dir daheim auch ein kleines Gärtchen anlegen.

So geht's: Lege den Karton mit Plastikfolie aus, fülle ihn mit Blumenerde und pflanze Gänseblümchen hinein. Bedecke die Erde mit Moos. So bleibt dein Garten länger feucht. Dekoriere ihn mit Wurzeln, Eichelhütchen … Vergiss nicht, deinen Garten ein wenig zu gießen!

Welche Insekten kennst du?

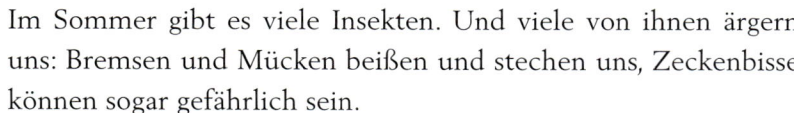

7. Juli

Im Sommer gibt es viele Insekten. Und viele von ihnen ärgern uns: Bremsen und Mücken beißen und stechen uns, Zeckenbisse können sogar gefährlich sein.

Bienen, Wespen, Hummeln und Hornissen können uns zwar auch stechen, aber gerade diese Insekten sind sehr nützlich: Bienen, Hummeln und Wespen bestäuben die blühenden Pflanzen auf der Wiese und die Blüten der Bäume. Ohne sie würden keine Früchte wachsen. Wespen und Hornissen sind außerdem die „Müllmänner" in der freien Natur. Sie füttern ihre Jungen mit toten Tieren. Auch Schmetterlinge Libellen, Grillen, Käfer, Grashüpfer und Ameisen gehören zu den Insekten. Die Ameisen bauen übrigens richtige Städte und Straßen, haben eine Königin, züchten Pilze und halten sich Blattläuse. Von ihnen bekommen sie Honigtau, dafür werden sie von den Ameisen beschützt.

Gewusst wie: Wir basteln eine Trommel

8. Juli

Du brauchst:
1 leere Blechdose
mit Deckel (z. B. von
Babynahrung),
1 Dosenöffner,
Tonpapier, Klebstoff,
Schere, dicke Schnur,
1 leere Küchenrolle

So geht's: Beklebe die Dose mit Tonpapierresten. Mit einem Dosenöffner lässt du dir zwei Löcher oben in die Seitenwände der Dose stechen. Die Löcher müssen sich dabei gegenüberliegen. Jetzt misst du dir ein Stück Schnur ab, das so lang ist, dass die Trommel bei dir am Bauch hängt. Ziehe die Schnur durch die Löcher und verknote sie auf der Innenseite der Dose. Jetzt schließt du die Dose wieder mit ihrem Deckel. Als Trommelschläger verwendest du Küchenpapierrollen, Kochlöffel oder deine Hände.

Ameisenkinder

Wer hat Ameisenkinder gesehn?
Können sie nach sechs Tagen schon gehn?
Laufen die Ameisenbabys geschwinder
als zum Beispiel die Mistkäfer-Kinder?
Kriegen sie schon einen Klaps auf den Po?
Ach, meine Lieben, die Sache ist so:
Wer Ameisenkinder sah, ganz kleine,
der lügt.
Der betrügt!
Es gibt nämlich keine!

James Krüss

9. Juli

Noch etwas über Ameisen

„Und warum gibt es keine Ameisenkinder?", wirst du fragen. Die Ameisen legen Eier. Daraus schlüpfen Larven. Die werden von den Ameisen-Arbeiterinnen pausenlos gefüttert, bis sie dick und rund sind. Dann verpuppen sie sich. Und eines Tages dann platzt die Hülle – und heraus spazieren ausgewachsene Ameisen!

10. Juli

Rätsel

Der arme Tropf
hat einen Hut und keinen Kopf,
und hat dazu
nur einen Fuß und keinen Schuh.

Der Pilz

11. Juli

Erst weiß wie Schnee,
dann grün wie Klee,
dann rot wie Blut,
schmeckt allen Kindern gut.

Die Kirsche

12. Juli

Geschichte vom Teich

Anna möchte unbedingt die Glühwürmchen glühen sehen. Und weil die nur glühen, wenn es dunkel ist, darf Anna länger aufbleiben.

Anna und ihre Katze Grauchen setzen sich an den Teich im Garten und warten. Manchmal plätschert es im Wasser.

„Die Fische unterhalten sich", sagt Anna.

Aber die Fische sind nicht die Einzigen, die an diesem warmen Sommerabend wach sind. In der Hecke hinter dem Teich geht es geschäftig zu. Welke Blätter vom Vorjahr werden hin- und hergeschoben, dann hört man etwas schmatzen. Grauchen, Annas Katze, spitzt die Ohren.

„Wer das wohl ist?", flüstert Anna.

Es ist eine Igelmutter mit drei Kindern, die jetzt auftaucht. Sind das niedliche, stachelige Gesellen! Ihre kleinen, spitzen Nasen halten sie unternehmungslustig in die Höhe. Aber als in der Ferne ein Hund bellt, wittert die Igelmutter Gefahr. Schnell verschwindet sie mit ihren Kindern wieder unter der Hecke.

Jetzt ist es ruhig. Und ganz dunkel. Die Nacht ist da und die Glühwürmchen beginnen zu fliegen. Überall blinkt es. Manchmal blinken die Glühwürmchen im Takt, so als ob sie sich abgesprochen hätten. Ein Glühwürmchen setzt sich sogar auf Grauchens Kopf. Anna findet, ihre Katze sieht wie eine Prinzessin mit Krönchen aus. Aber nicht lange. Denn plötzlich wird es windig, dann fängt es an zu regnen. Da machen die Glühwürmchen ihre Lampen aus. Und Anna und Grauchen gehen schnell ins Haus.

Scherzfragen

13. Juli   Welcher Stuhl ist am höchsten?

Der Dachstuhl

Welches ist das genügsamste Tier?

Die Motte, sie begnügt sich mit Löchern.

Versteck für ein Geburtstagsgeschenk

Im Keller hinter Kartoffelkisten,
im Schreibtisch zwischen Computerlisten,
in alten verstaubten Bauernschuhen,
in ausgelatschten Wanderschuhen,
auf Wohnzimmerschränken, in Blumenvasen,
ja, selbst in Bäuchen von flauschigen Hasen,
im Panzerschrank mit der Superzahl,
in der hintersten Ecke vom Bücherregal,
im Nähkorb bei Litze, Nadel und Faden,
in der Spielzeugkasse vom Kaufmannsladen,
in Einzelsocken, ohne Loch,
und eine Möglichkeit wäre noch
es unter dem Kissen aufzubewahren.
Natürlich darf niemand davon erfahren.
Ist das Geschenk nur so groß wie ein Spatz,
hat es bestimmt noch im Bettkasten Platz.
Du kannst es auch in den Uhrkasten legen,
das Geißlein hat sicherlich nichts dagegen.
Der Toilettenspülkasten eignet sich nicht,
denn welches Geschenk ist schon wasserdicht.
Es sei denn, du hättest ein Motorboot
mit Namen SARDINE und feuerrot.
Nur würde es jemand durch Zufall entdecken,
du müsstest aufs Neue dein Rennboot verstecken:
Im Keller hinter Kartoffelkisten …

Regina Schwarz

14. Juli

Spiel für die Ferien: Wettessen

So geht's: Jeder Mitspieler bekommt einen Schaumkuss. Alle Mitspieler halten die Hände auf dem Rücken und versuchen, ihn so zu essen. Wer es zuerst schafft, hat gewonnen. Das Spiel klappt auch mit Schokoladenpudding. Er muss dann mit Schaschlikstäbchen gegessen werden – am besten im Stehen.

15. Juli

**Du brauchst:
viele Mitspieler,
Schaumküsse oder
Schokoladenpudding**

Das Lied vom vollen Mund

16. Juli

Der kleine Rudi Rund erzählt mit vollem Mund.
Da ruft die Mutter Rund:
„Sprich nicht mit vollem Mund!"
Beim Schimpfen fällt Frau Rund das Essen aus dem Mund.
Da ruft der Vater Rund:
„Sprich nicht mit vollem Mund!"
Beim Schimpfen fällt Herrn Rund das Essen aus dem Mund.
Da ruft der kleine Rund:
„Sprich nicht mit vollem Mund!"
Da lacht Familie Rund lauthals mit vollem Mund
und singt aus gutem Grund
das Lied vom vollen Mund.

Klaus Hoffmann

Quiztag – finde die richtige Antwort

17. Juli

Viele Tiere haben Krallen an den Pfoten. Die Krallen der Katzen
aber sind besonders, weil sie
– ihre Krallen einziehen können.
– viel weicher als Hundekrallen sind.
– besonders gefährlich sind.

Die Katze kann ihre Krallen einziehen.

Gewusst wie: Kette aus Erdnüssen

18. Juli

**Du brauchst:
ca. 50 Erdnüsse
(mit Schale!),
Plakafarben, 1 Pinsel,
Gummifaden,
1 spitze lange
Wollnadel**

So geht's: Bohre mit der Nadel durch jede Erdnuss ein Loch. Bemale die Erdnüsse in zwei verschiedenen Farben. Lege sie dazu
auf eine alte Zeitung. Ziehe dann die Nüsse auf einen Gummifaden und verknote die Enden des Gummis.

Legespiel mit Kieseln

Versuche mit den Steinen alle möglichen Figuren zu legen: Männchen, Tiere, Pflanzen, Insekten. Dreieckige Steine sind am besten geeignet für den Körper von Männern und für den Rock von Frauen, längliche für Arme und Beine, runde für Köpfe. Auch Tiere, Pflanzen und Insekten lassen sich aus verschiedenen Steinen zusammensetzen. Jede der Formen sollte aus der gleichen Anzahl von Steinen bestehen. Nun wählst du für jede der Figuren eine Farbe aus und malst sie damit an, z. B. die Steine für das Krokodil grün ... Dann schneidest du in die Schuhschachtel ein Fenster. Es muss so groß sein, dass eine Hand hindurchpasst.

So geht's: Alle Steine sind in der Schachtel. Der erste Spieler fasst hinein und nimmt sich einen Stein heraus. Die Farbe dieses Steins muss der Spieler dann während des Spiels beibehalten. In der Wahl der Figur ist er allerdings frei. Dann kommt der zweite Spieler. Beim zweiten Durchlauf darf der Stein, wenn er farblich nicht passt, einmal in die Schachtel zurückgelegt und ein neuer Stein entnommen werden. Wenn der nächste Stein dann wieder nicht passt, muss er zurückgelegt werden. Wer seine Figur zuerst fertig gelegt hat, hat gewonnen.

19. Juli

Du brauchst:
kleine Kieselsteine,
1 Schuhschachtel
mit Deckel,
Pinsel, Schere,
Plakafarben

Unsinnsgedicht zum Auswendiglernen

Eine Kuh, die saß im Schwalbennest
mit sieben jungen Ziegen.
Sie feierten ihr Jubelfest
und fingen an zu fliegen.
Der Esel zog Pantoffeln an,
ist übers Haus geflogen.
Und wenn das nicht die Wahrheit ist,
so ist das doch gelogen.

Gustav Falke

20. Juli

Reimespiel

21. Juli

Du brauchst:
mind. 1 Mitspieler

So geht's: Jeder Mitspieler muss sich zwei Wörter ausdenken, die sich reimen (z. B. Maus, Laus), und macht daraus einen kleinen Reim. Der Nächste reimt ebenfalls einen Satz dazu. So entstehen witzige Unsinnsgedichte.

22. Juli

Die Juli-Geschichte vom Bauernhof

Bobby, der Hofhund, findet, dass er das wichtigste Tier auf dem Bauernhof ist. Er muss Otto, den frechen Gänserich, erziehen. Er muss dafür sorgen, dass die Schafe und die Ziegen nicht ausreißen. Und das ist mutig, denn der alte Ziegenbock hat große Hörner.

Der Ziegenbock mag überhaupt nicht, wenn Bobby ihn anbellt. Er findet sich selbst am allerwichtigsten! Schließlich muss *er* seine Ziegen beaufsichtigen. Und damit hat er viel zu tun, denn sie rennen, wohin sie Lust haben, ohne vorher den alten Bock zu fragen. Das macht ihn ganz und gar sauer. Und wenn dann Bobby noch bellt, würde er am liebsten vor Wut aus der Haut fahren.

An einem Tag rennen die Ziegen dem Bock wieder einmal davon. Der saust hinterher. Hinter ihm bellt Bobby. Da wird es dem Ziegenbock zu viel. Er dreht sich um und senkt den Kopf. Seine Hörner zeigen genau auf Bobbys Nase. Jetzt ist es mit Bobbys Mut aus und vorbei. Er klemmt seinen Schwanz zwischen die Beine und flieht ins Haus. Dort legt er sich zitternd unter den Küchentisch.

„Armer Bobby", sagt Paul und streichelt ihn. Dann flüstert er ihm ins Ohr: „Du darfst es niemanden weitererzählen: Ich habe auch Angst vorm Ziegenbock."

Was weißt du über Ziegen?

23. Juli

Menschen haben die wilden Ziegen zu Haustieren gemacht, weil sie Milch geben. Daraus lässt sich prima Käse machen.

In den Alpen und in vielen anderen Gebirgen leben noch die Vorfahren unserer Hausziegen: die Steinböcke. Sie sind größer, braun gefärbt und haben zum Teil mächtig große, gebogene Hörner. Im Herbst gehen die Männchen damit aufeinander los und kämpfen miteinander. Die Weibchen kümmert das nicht. Sie rupfen weiter an zarten Gräsern und Kräutern, die auf den Bergwiesen wachsen.

Fragen über Fragen – kannst du sie beantworten?

Mault der Maulwurf, wenn er buddelt,
wütend vor sich hin?
Oder kommen ihm beim Schaufeln
Lieder in den Sinn?

Spritzt der Tintenfisch mit Tinte,
lautlos und mit Wut.
Oder blubbert er: „Attacke!"
voller Übermut.

Ist das Seepferdchen zum Reiten
für den Wal gedacht?
Strahlt der Seestern unter Wasser
heimlich in der Nacht?

Sind die Haie Ungeheuer?
Spielen sie Pirat?
Muht die Seekuh unter Wasser
ganz verträumt und zart?

Das sind Fragen über Fragen.
Kennt die nur der Wind?
Ich kann dazu gar nichts sagen.
Frag doch mal ein Kind.

Regina Schwarz

Vom Riesen Timpetu

Still! Ich weiß was. Hör mal zu:
War einst ein Riese Timpetu.
Der arme Bursche hat – o Graus! –
im Schlafe nachts verschluckt 'ne Maus.
Er lief zum Doktor Pfiffikus:
„Ach, Doktor, denkt nur, welch' Verdruss!
Ich hab' im Schlaf 'ne Maus verschluckt,
die sitzt im Leib und kneipt und druckt."

Der Doktor war ein kluger Mann,
man sah's ihm an der Brille an.
Er hat ihm in den Hals geguckt:
„Wie? Was? 'ne Maus habt Ihr verschluckt?
Verschluckt 'ne Miezekatz dazu,
so lässt die Maus Euch gleich in Ruh'!"

Alwin Freudenberg

26. Juli

Das Märchen von Hänsel und Gretel

In einem großen Wald lebte ein armer Holzhacker mit seiner Frau und den Kindern Hänsel und Gretel. Eines Tages sagte die Frau zu ihrem Mann: „Wir haben nichts mehr zu essen. Wenn du und ich nicht verhungern wollen, müssen wir unsere Kinder in den Wald bringen, dahin, wo sie nie mehr zu uns zurückfinden."

Dem Vater war das gar nicht recht. Doch die Frau wollte es so.

Hänsel aber hatte in seinem Bett mit angehört, was die Mutter gesagt hatte. Als nun die Eltern schliefen, schlich er vors Haus und sammelte Kieselsteine. Die steckte er in die Tasche und ließ am andern Tag immer wieder welche auf dem Weg fallen.

Mitten im Wald ließen die Eltern die Kinder allein. Doch als der Mond aufging, beschien er die Kieselsteine und die Kinder fanden den Weg nach Hause. Der Vater freute sich darüber, nicht aber die Mutter. Darum musste der Vater seine Kinder bald wieder in den Wald führen. Diesmal hatte die Mutter alle Kieselsteine weggeräumt. Und die Brotkrümelchen, die Hänsel diesmal auf den Weg streute, pickten die Vögel. Als der Vater nun die Kinder verlassen hatte, irrten sie umher, bis sie zu einem Häuschen kamen. Das war mit Lebkuchen behängt, und weil Hänsel und Gretel Hunger hatten, probierten sie davon. Doch da schlurfte eine bitterböse Hexe aus dem Haus und rief: „Knusper, knusper, knäuschen, wer knuspert an meinem Häuschen?"

„Der Wind, der Wind, das himmlische Kind", antworteten die Kinder.

„Kommt herein", sagte die Hexe, „ich tu euch nichts zuleide."

Aber kaum waren sie eingetreten, steckte die Hexe Hänsel in einen Käfig und fütterte ihn kräftig, weil sie ihn braten wollte. „Fetter wird er nicht mehr", sagte die Hexe nach ein paar Tage. „Gretel, hinein in den Backofen. Mach Feuer an."

„Ich weiß nicht, wie das geht", sagte Gretel. „Zeig es mir." Und das tat die Hexe. Da schlug Gretel schnell die Ofentür zu. Jetzt war die Hexe gefangen! Gretel befreite Hänsel aus dem Käfig. Gemeinsam fanden sie den Weg nach Hause. Der Vater freute sich darüber. Und die Mutter konnte sich nicht mehr darüber ärgern, weil sie inzwischen gestorben war.

27. Juli

Lied von Hänsel und Gretel

Text u. Melodie: trad.

1. Hän - sel und Gre - tel ver - irr - ten sich im Wald.
Es war so fins - ter und auch so bit - ter kalt.

Sie ka - men an ein Häus - chen von Pfef - fer - ku - chen fein.

Wer mag der Herr wohl von die - sem Häus - chen sein?

Hu, hu, da schaut eine alte Hexe raus!
Die lockt die Kinder
ins Pfefferkuchenhaus.
Sie stellte sich gar freundlich,
o Hänsel, welche Not!
Ihn wollt sie braten,
im Ofen braun wie Brot.

Doch als die Hexe
zum Ofen schaut hinein,
war sie gestoßen von unserm Gretelein.
Die Hexe musste braten,
die Kinder gehen nach Haus.
Nun ist das Märchen
von Hans und Gretel aus.

Witztag

Eine kleine Motte sitzt im Kleiderschrank und heult. „Es ist schrecklich ungerecht!", schluchzt sie. „Im Sommer, wenn es glühend heiß ist, muss ich unentwegt Pelzmäntel fressen, und im Winter, wenn es saukalt ist, muss ich an Bikinis nagen."

28. Juli

Zahlen schreiben

29. Juli

Male einen Luftballon und schreibe dahinter eine große 1. Hinter zwei Katzen schreibst du eine dicke 2, hinter drei Mäuschen eine 3 usw.

So lernst du die Zahlen ganz schnell.

Gewusst wie: Schmetterlings-Tupfenbild

30. Juli

**Du brauchst:
1 weißen Bogen
Papier, Plakatfarben,
Korken**

So geht's: Male auf das Papier einen schönen großen Schmetterling. Tauche die Korken in verschiedene Farben und tupfe sie auf die Schmetterlingsflügel. Zeichne zum Schluss ein paar Fühler an den Kopf.

ABC im Juli

31. Juli

Suche ein Wort, das mit M, und eines das mit N anfängt, vielleicht Maus und Nilpferd. Male sie und schreibe die Buchstaben darüber. Und damit du dir die Buchstaben besser merken kannst, das Buchstabengedicht:

Morgen, Nebel, Mond und Nacht
haben sich was ausgedacht:
Morgennebel liegt im Garten.
Mondnacht muss noch lange warten.

Regina Schwarz

August

Was ist im August alles los?

1. August

Der August ist in vielen europäischen Ländern noch ein Ferien-monat. Bauern können jetzt keinen Urlaub machen, denn die Ernte muss eingebracht werden. Überall könnt ihr abgemähte Wiesen und Stoppelfelder sehen. Äpfel, Birnen und Zwetschgen brauchen noch ein paar Wochen, bis man sie ernten kann.
Nicht nur die Bauern ernten, auch die Feldmäuse legen sich schon Vorräte für den Winter zu. Denn der Herbst, das wissen sie, kann manchmal ganz plötzlich kommen. Im August ist es oft sehr heiß. Und manchmal gibt es kräftige Gewitter.

Gewitter – was weißt du darüber?

2. August

Während eines Gewitters blitzt es und anschließend hört man den Donner. Ist das Gewitter ganz nah oder sogar direkt über dir, dann treten Blitz und Donner fast gleichzeitig auf. Das kracht gewaltig. Die Wolken sehen aus wie riesige Pilze. Sie bestehen aus Wasserdampf, also aus kleinen Tröpfchen, die bei warmem Wetter viele Kilometer nach oben in den Himmel steigen und dabei im-mer kälter werden. Diese Tröpfchen laden sich elektrisch auf, ähn-lich einer Batterie, wie sie auch in deiner Taschenlampe steckt. Wenn du beide Enden einer solchen Batterie kurz mit einem Draht berührst, dann entsteht ein kleiner Funke. So ähnlich musst du dir auch die Entstehung eines Blitzes vorstellen. Blitze können zwischen den Wolken hin- und herjagen, meistens fahren sie aber zur Erde oder umgekehrt. Dabei schieben sie die Luft so schnell zur Seite, dass es laut knallt.
Trifft der Blitz auf die Erde, kann er ziemliches Unheil anrichten. Darum ist es gut, wenn du bei einem Gewitter nicht draußen bist, sondern schnell ins Haus gehst.

Ein Zungenbrecher zum Üben

3. August

Schneiderschere schneidet scharf, scharf schneidet Schneider-schere.

Ein Gedicht vom Ährenfeld

Ein Leben war's im Ährenfeld,
wie sonst wohl nirgends auf der Welt;
Musik und Kirmes weit und breit,
und lauter Lust und Fröhlichkeit.

Die Grillen zirpen früh am Tag
und laden ein zum Zechgelag'.
„Hier ist es gut, herein, herein!
Hier schenkt man Tau und Blütenwein!"

Der Käfer kam mit seiner Frau,
trank hier ein Tässlein kühlen Tau.
Und wo nur winkt ein Blümchen klein,
da kehrt gleich eine Biene ein.

Das war ein Leben ringsumher,
als ob es ewig Kirmes wär.
Die Gäste zogen aus und ein
und ließen sich's gar wohl dort sein.

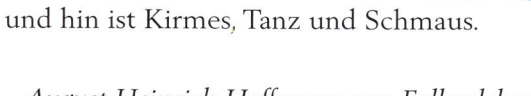

Wie aber geht es in der Welt?
Heut ist gemäht das Ährenfeld,
zerstört ist nun das schöne Haus,
und hin ist Kirmes, Tanz und Schmaus.

August Heinrich Hoffmann von Fallersleben

Was erntet der Bauer im Sommer?

Wenn der Sommer warm war, können die Bauern im August ihr Getreide ernten. Das sind Gerste, Roggen, Weizen und Hafer. Geschnitten wird das Getreide mit großen Maschinen, die Mähdrescher genannt werden. Sie schneiden nicht nur das Getreide, sondern trennen gleich die Ähren von den Halmen.

Früher war die Getreideernte eine mühselige Arbeit. Da mussten die Bauern die Halme erst mit der Sichel oder der Sense schneiden, dann wurde das Getreide gebündelt und zum Dreschplatz gebracht. Mit Dreschflegeln wurden dann die Körner aus den Ähren herausgeschlagen. Schließlich brachte man die Körner in Säcken zur Mühle am Bach, wo sie zwischen großen, runden Steinen zu Mehl gemahlen wurden.

Nicht nur Menschen essen Getreide, sondern auch Tiere. Vor allem Haferkörner werden an Pferde verfüttert. Aber ein Teil landet auch als Haferflocken in deinem Müsli.

Kirmes oder Kirchweih

6. August

In alten Zeiten bezeichnete man als Kirmes oder Kirchweih den Gottesdienst, bei dem eine neue Kirche geweiht wurde. Später feierte man ein Fest zum Gedenken an eine frühere Kirchenweihe, aber danach dachte man nicht mehr daran, sondern mehr ans Feiern bei gutem Essen, Trinken und Tanzen.

Die Kirmes oder Kirchweih fand früher immer dann statt, wenn die Ernte eingebracht war. Das konnte von August bis in den Herbst hinein sein. Denn auch da wird noch geerntet, nämlich Kartoffeln, Obst und Nüsse.

7. August

Unsinnsgedicht zum Auswendiglernen

Die Tauben fressen Wicken,
die Schwalben fangen Mücken,
die Schafe futtern Gras,
die Raben speisen Aas,
die Störche haschen Schlangen,
die Katz' muss Mäuse fangen,

die Kuh mag Heu und Stroh,
ein Korn macht's Spätzlein froh.
Die Stare fressen Spinnen,
die Ente schlürft aus Rinnen,
das Schwein wühlt im Morast,
ich möchte nicht sein ihr Gast.

Gewusst wie: Wir basteln ein Muschelboot

8. August

Du brauchst:
1 längliche Muschel,
1 Kerze,
Zahnstocher,
Papier

So geht's: Lasse in die Muschel Kerzenwachs hineintropfen. Bevor du den Zahnstocher als Mast in die Mitte steckst, muss das Wachs erst fest werden. Schneide aus einem Streifen festeren Papiers ein Quadrat (knapp daumenlang), falte es zu einem Dreieck und spieße es dann auf den Zahnstocher-Mast. Mit vielen Muscheln kannst du eine ganze Piratenflotte basteln.

Wir spielen Topfschlagen

9. August

So geht's: Einer der Mitspieler bekommt den Kochlöffel in die Hand, dann werden ihm die Augen verbunden. Unter den umgedrehten Topf werden Süßigkeiten gelegt. Das Kind mit den verbundenen Augen klopft jetzt mit dem Kochlöffel auf den Boden und versucht damit, den Topf zu finden. Die anderen Kinder helfen dabei, indem sie „heiß" oder „kalt" rufen. Am Ende gibt es einen Finderlohn.

Du brauchst:
1 Topf, 1 Kochlöffel,
1 Schal, Süßigkeiten

Ein Sommerlied vom Storch

10. August

Auf uns'rer Wiese gehet was,
watet durch die Sümpfe.
Es hat ein schwarz-weiß Röcklein an,
trägt auch rote Strümpfe,
fängt die Frösche schnapp, schnapp,
schnapp,
klappert lustig klapperdiklapp.
Wer kann es erraten?

Ihr denkt, das ist der Klapperstorch,
watet durch die Sümpfe.
Er hat ein schwarz-weiß Röcklein an,
trägt auch rote Strümpfe.
Fängt die Frösche quak, quak, quak,
klappert lustig klapperdiklapp.
Nein, das ist Frau Störchin!

Was weißt du über Störche?

11. August

Die Störche, die zu uns kommen, nennt man Weißstörche. Nur an den Flügeln haben sie schwarze Federn. Der lange Schnabel und die Beine sind rot. Mit ihren dünnen Beinen staksen sie langsam durch Weiher und Flüsse und schnappen sich Frösche oder Fische. Aber auch Mäuse verachten sie nicht. Wenn die Störche aus ihrem Winterquartier zurückkommen, bauen Vater und Mutter Storch gemeinsam an einem Nest. Dann legt das Weibchen drei bis fünf Eier hinein. Gebrütet wird gemeinsam, auch das Futter wird von den Storcheneltern gemeinsam gesucht und im Kehlsack zum Nest transportiert, ebenfalls das Wasser für die Kleinen.
Der Storch ist ein Zugvogel. Im Herbst fliegt er bis nach Afrika. Manche Störche, die an Menschen gewöhnt sind und von ihnen gefüttert werden, bleiben auch hier.
Es gibt auch Schwarzstörche, aber die sieht man leider fast nur noch im Zoo.

Rätseltag

12. August

Eine Schnecke hört, dass am Ende des Gartens leckeres Gemüse wächst. Sie macht sich auf den Weg und schafft vier Meter am Tag. Am Abend wird es ihr unheimlich in der Fremde und sie kriecht zwei Meter zurück. So geht es vier Tage. Am Abend des vierten Tages erreicht sie das Gemüse. Wie viele Meter hat sie zurückgelegt?

10 Meter ist sie gegangen, vier Tage jeweils vier Meter vorwärts, drei Nächte jeweils zwei Meter zurück.

13. August

Geschichte vom Teich

Anna und Papa finden einen Frosch vor dem Gartentor. Der arme Kerl sieht jämmerlich aus. Er hat nur noch drei Beine und ist fast vertrocknet. Anna holt eine Schaufel und Papa schiebt den Frosch vorsichtig darauf. Dann tragen sie den Frosch gemeinsam zum Teich und lassen ihn von der Schaufel ins Wasser rutschen. Der Frosch geht sofort unter.

„Der Frosch ertrinkt!", schluchzt Anna.

„Ein Frosch ertrinkt nicht", sagt Papa.

Aber auch er glaubt nicht, dass der Frosch überlebt.

Am nächsten Tag liegt der Frosch auf einem flachen Stein am Ufer und sonnt sich.

Bald kann er wieder schwimmen, obwohl er doch nur drei Beine hat.

„Dem Frosch gefällt es bei uns", sagt Anna zu Grauchen, ihrer Katze.

Anna hat recht. Dem Frosch gefällt es wirklich, denn er bleibt. Er hat keine Lust mehr, auf Wanderschaft zu gehen.

Was weißt du über Frösche?

14. August

Wenn du an einem warmen Sommertag Frösche im Teich beobachtest, musst du dich vorsichtig anschleichen. Denn sobald sie dich sehen oder hören, tauchen sie unter. Am lautesten sind sie nachts, weil sie da von ihren Feinden nicht gesehen werden können und in Ruhe quaken können.

Mariä Himmelfahrt

Mariä Himmelfahrt ist das älteste Marienfest in der katholischen Kirche. Die Legende erzählt, dass nach dem Tod von Maria die Jünger Jesu ihr Grab öffneten. Aber Maria war nicht mehr da, sondern stattdessen fanden sie in ihrem Sarg wunderbare Blumen und duftende Kräuter. Maria war, wie zuvor auch ihr Sohn Jesus, mit Leib und Seele im Himmel aufgenommen worden.
In der katholischen Kirche werden an Mariä Himmelfahrt kleine Gewürzsträuße geweiht, die im Haus aufgehängt werden. Immer ist auch eine Königskerze dabei, die die besondere Würde Marias als Mutter Gottes unterstreicht.

15. August

Wen du brauchst

Einen zum Küssen und Augenzubinden.
Einen zum Lustige-Streiche-Erfinden.
Einen zum Regenbogen-suchen-Gehn.
Und einen zum Fest-auf-dem-Boden-Stehn.
Einen zum Brüllen, zum Leisesein einen,
einen zum Lachen und einen zum Weinen.
Auf jeden Fall einen, der dich mag,
heute und morgen und jeden Tag.

Regina Schwarz

16. August

Sackhüpfen gegen Langweile

So geht's: Zwei Kinder steigen in einen Sack. Ein Kind ist der Schiedsrichter, der das Startzeichen gibt. Dann sausen die Sackhüpfer los. Der Schiedsrichter stoppt die Zeit, wenn der Sack durchs Ziel hüpft. Zum Schluss wird anhand der ermittelten Zeiten der Sieger oder die Siegerin bestimmt.

17. August

**Du brauchst:
2 Säcke aus Jute, (keinesfalls Plastiksäcke!) die gibt es in den meisten Gartencentern.**

18. August

Eine Geburtstagsgeschichte für August-Kinder

Felix hat Nina zum Geburtstag einen Gutschein für einen Nachmittag im Schwimm-bad geschenkt. Nina zieht ein langes Gesicht. Felix ist ihr bester Freund. Sie findet, er hätte sich etwas Schöneres ausdenken können. Denn Nina hat schon eine Jahreskarte fürs Schwimmbad.

Felix tut so, als ob er gar nicht merken würde, wie enttäuscht Nina ist. „Also morgen um drei Uhr", sagt er zum Abschied. „Ich hol dich ab."

Am nächsten Tag ruft Mama: „Ach du liebe Zeit, wer steht denn da alles vor unserer Gartentür? Ich glaube, deine halbe Klasse versammelt sich dort." Aber schon läutet es. Felix ruft: „Nina, bist du fertig?"

Vor dem Gartentor steht zwar nicht die halbe Klasse, aber diejenigen, die in den Fe-rien nicht weggefahren sind. „Alles Gute nachträglich zum Geburtstag!", rufen sie und schütteln Nina abwechselnd die Hand.

Als sie endlich im Schwimmbad sind, wartet die nächste Überraschung auf Nina: Felix' Mama hat ein riesiges Picknick mitgebracht. Sogar eine kleine Torte gibt es, auf der steht: Für Nina.

„So ein tolles Geburtstagsgeschenk hatte ich selten", denkt Nina. Und sie nimmt sich vor, in Zukunft immer erst abzuwarten, bevor sie ein langes Gesicht zieht.

Die Schule fängt an

19. August

In vielen Ländern fängt nach den Sommerferien im August die Schule an. Vor allem für die Erstklässler ist das ein aufregender Tag! So aufregend wie ihre Schultüten, die es schon seit 200 Jahren gibt.

Heutzutage gehen bei uns alle Kinder in die Schule. Früher konn-ten Kinder aus armen Familien nichts lernen. Sie mussten zu Hause helfen. Wer in die Schule gehen durfte, hatte meistens eine alte Schultasche, die Großvater oder Großmutter schon auf dem Rücken getragen hatten.

Quiztag – finde die richtige Antwort

Warum klappern die Störche mit ihren Schnäbeln?
– Weil sie kalte Füße haben und frieren.
– Weil sie angeben wollen.
– Um einen fremden Storch in die Flucht zu schlagen.

Störche können nicht singen, darum klappern sie mit dem Schnabel. So werden die Partner gesucht, später dann das Nest und die Jungen verteidigt und der Partner begrüßt, wenn er mit Futter im Schnabel zum Nest zurückkehrt.

Welches Tier ist keine Maus?
– Gartenspitzmaus
– Fledermaus
– Feldmaus

Die Spitzmaus ist kein Nagetier wie die Feldmaus. Sie ist mit dem Igel oder dem Maulwurf verwandt, denn sie frisst Insekten und keine Körner. Fledermäuse können fliegen, wohnen in alten Bäumen und in Speichern von alten Häusern. Sie heißen nur „Mäuse", weil sie ein Fell haben und so den am Boden lebenden Mäusen ähnlich sehen.

Ganz einfach: Gläser bemalen

So geht's: Male Blumen, Muster oder sonst etwas auf die Gläser und Flaschen. Wenn die Farben trocken sind, streiche Lack darüber. So kannst du die Gläser sogar abwaschen, ohne dass sich deine Bilder wieder auflösen.

Du brauchst:
schöne Gläser und Flaschen, Plakafarben, 1 dünnen und 1 dicken Pinsel, Lack

22. August

Die August-Geschichte vom Bauernhof

Minz ist eine nette Katze. Manchmal liegt sie um Susis Hals wie ein warmer schnurrender Pelzschal. Manchmal tröstet sie Paul, wenn Susi ihn ärgert. Auch zu Papa und Mama ist sie nett. Nur Mäuse mag sie nicht. Gerade sitzt sie wieder vor einem Mauseloch.

„Warum ist Minz so gemein?", jammert Paul. „Die Mäuse tun ihr doch gar nichts!"

„Minz ist Mäusefängerin", sagt Papa. „Das ist ihr Beruf. So wie Mamas Beruf Bäuerin ist und meiner Bauer."

„Paul!", ruft Susi. „Minz hat schon wieder eine Maus erwischt."

Susi und Paul rennen Minz hinterher. Sie saust zum Kuhstall, macht einen Satz über die Gummistiefel, die dort stehen, und dann – ja dann ist die kleine Maus einfach verschwunden.

„Die Maus ist weg", sagt Paul erstaunt. Auch Susi sieht sich um. Ebenso Minz.

„Das gibt es doch nicht", sagt Susi. „Komm, Paul, schauen wir mal im Stall nach." Susi will gerade in ihre Gummistiefel steigen, da schreit sie laut: „Hilfe! In meinem Stiefel sitzt die Maus!"

Es stimmt. Minz hat im Sprung die Maus verloren. Sie ist in Susis Gummistiefel gepurzelt.

Susi und Paul gehen mit dem Gummistiefel zum Wäldchen hinter der großen Wiese. Dort gibt es jede Menge Mauselöcher. Da lassen sie die Maus frei. Minz aber muss daheimbleiben, damit sie nicht sieht, wo die Maus jetzt wohnt.

Scherzfragen

23. August   Warum kann es nicht zwei Tage hintereinander regnen?

Weil die Nacht dazwischen ist.

Was hat einen Anfang und zwei Enden?

Die Wurst

Welches Land ist auf keiner Landkarte zu finden?

Das Schlaraffenland

Ein Hexengedicht

Morgens früh um sechs
kommt die alte Hex.
Morgens früh um sieben
schabt sie rote Rüben.
Morgens früh um acht
geht sie auf die Wacht.
Morgens früh um neun
geht sie in die Scheun.
Morgens früh um zehn
holt sie alte Spähn.
Morgens früh um elf
geht sie ins Gewölb.
Morgens früh um zwölf
kommt sie wieder heraus –
nun ist die Geschichte aus.

24. August

Wandball

Erst musst du diesen Spruch auswendig lernen:

Armer Student,
wasch dir die Händ,
trockne sie ab,
knie nieder,
bete zu Gott,
steh wieder auf,
fange den Ball mit der rechten (oder linken) Hand auf.

So geht's: Immer dann, wenn der Ball gerade unterwegs zur Wand ist und bevor er wieder zurückkommt, musst du ganz schnell der Reihe nach die Befehle aus dem Gedicht ausführen, also so tun, als ob du dir die Hände waschen würdest, sie an der Hose oder dem Kleid abtrocknen, dann dich hinknien, dann die Hände falten usw. Wer am wenigsten Fehler macht und den Ball nie fallen lässt, hat gewonnen.

25. August

Du brauchst:
1 kleinen Ball,
viele Freunde,
eine Wand

26. August

Auszählreime kann man immer brauchen

Ene, mene, Tintenfass,
geh' in die Schul' und lerne was.
Wenn du was gelernet hast,
komm nach Haus und sag mir das.
Ene, mene, drei,
du bist frei

Eins, zwei, drei,
du bist frei.
Vier, fünf, sechs,
du bist nex.
Sieben, acht, neun,
du musst es sein.

Witztag

27. August Zwei Faultiere hängen nebeneinander an einem Baum.
„Wie geht's so?", fragt Faultier 1.
„Gut", antwortet Faultier 2 am nächsten Tag.
„Und dir?", fragt Faultier 2 wieder einen Tag später.
„Nicht gut", antwortet Faultier 1 am vierten Tag. „Von dieser ewigen Plauderei habe ich echt Kopfschmerzen bekommen."

„Leo!", rügt die Lehrerin, „man soll nie mit dem Finger auf jemanden zeigen."
Leo widerspricht. „Aber zu was habe ich denn sonst zwei Zeigefinger?"

28. August

Trost-Sprüche

Heile, heile, Kätzchen,
das Kätzchen hat vier Tätzchen
und einen langen Schwanz –
morgen ist alles wieder ganz!

Heile, heile Segen,
drei Tage Regen,
drei Tage Schnee,
tut dem Kindlein nichts mehr weh!

Daheim ist die Maus
aus dem Ofen gekrochen,
hat die Pfote verstaucht
und das Schwänzlein gebrochen.

Wein nicht, mein Mäuschen,
weine nicht, weil,
morgen ist alles wieder heil.

29. August

Das Märchen vom Schneewittchen

Es war einmal eine eitle Königin. Die hatte einen Spiegel, der die Wahrheit sagte. Jeden Tag fragte sie ihn: „Spieglein, Spieglein an der Wand, wer ist die Schönste im ganzen Land?" Und der Spiegel antwortete: „Frau Königin, Ihr seid die Schönste im Land."

Doch eines Tages antwortete er: „Schneewittchen, Eure Tochter, ist noch tausendmal schöner als Ihr." Da wurde die Königin neidisch. Und sie befahl einem Jäger, Schneewittchen in den tiefen Wald zu jagen. Dort sollten es die wilden Tiere fressen. Aber bevor es dunkel wurde, kam Schneewittchen zu einem Häuschen. Das gehörte den sieben Zwergen. Darin war ein Tisch gedeckt mit sieben Tellerchen, mit sieben Löffelchen und sieben Becherchen. Weil Schneewittchen hungrig war, nahm es von jedem Teller ein bisschen und trank aus jedem Glas. Dann legte es sich auf die Erde und schlief, weil die Betten viel zu klein für es waren. Am Abend kamen die sieben Zwerge von ihrer Arbeit im Berg zurück. Sie fragten einander: „Wer hat aus meinem Becherchen getrunken, wer hat von meinem Tellerchen gegessen?" Dann sahen sie Schneewittchen. Und weil es so schön und freundlich war, durfte es bei ihnen bleiben. Am nächsten Tag befragte die böse Königin wieder ihren Spiegel, und der sagte: „Frau Königin, Ihr seid die Schönste hier, aber Schneewittchen über den sieben Bergen bei den sieben Zwergen ist tausendmal schöner als Ihr." Da wusste sie, dass Schneewittchen noch lebte. Schnell verkleidete sie sich als Marktfrau, ging zu Schneewittchen und bot ihm einen Apfel an, den sie vorher vergiftet hatte. Als Schneewittchen davon aß, fiel es um und war tot.

Oh, wie weinten die Zwerge, als sie nach Hause kamen! Sie zimmerten Schneewittchen einen Sarg aus Glas und legten es hinein. Gerade da kam ein Prinz durch den Wald geritten. Als er das schöne Schneewittchen sah, musste er es immerzu ansehen! Er konnte nicht anders. Darum lud er den Sarg auf sein Pferd. Aber das Pferd stolperte. Und da rutschte der vergiftete Apfel aus dem Hals von Schneewittchen, und es wurde wieder lebendig.

Bald darauf feierte der Prinz mit Schneewittchen Hochzeit. Alle waren glücklich! Bis auf die böse Königin. Die wurde davongejagt.

Ganz einfach: Wir führen ein Märchen auf

30. August

**Du brauchst:
zehn Filtertüten, für
Schneewittchen,
sieben Zwerge,
Königin und
Königssohn),
Schaschlikstäbchen,
Styroporkugeln für die
Köpfe der Figuren,
Farben, Wolle, Lich**

So geht's: Zeichne Gesichter auf die Styroporkugeln. Aus den Filtertüten werden Gewänder. Male sie bunt an: grün für die Zwerge, weiß für Schneewittchen … Bohre dann mit dem Schaschlikstäbchen ein Loch oben durch die Filtertüte und stecke es in die Styroporkugel. Damit die Figuren ihre Kleider nicht verlieren, kannst du sie an das Stäbchen kleben. Aus Wolle machst du den Figuren noch Haare.

Jetzt stellst du ein paar Stühle auf, hängst über die Lehnen ein großes Tuch und setzt dich mit deinen Freunden und den Puppen dahinter. Schon kann das Theaterspielen losgehen!

ABC im August

31. August

Überlege dir, welches Tier mit O und welches mit P beginnt: vielleicht der Ochse und der Panther? Schreibe neben die Bilder die Buchstaben.

Jetzt kennst du schon die Buchstaben A, B, C, D, E, F, G, H, I, J, K, L, M, N, O und P. Suche im August nach Sommer-Wörtern, die mit diesen Buchstaben anfangen, z. B. für A Ameise, für B Biene usw. Hier noch ein Gedicht:

Der Ofen und das Ofenrohr,
die wärmten sich, wenn einer fror.
Die Pauke und der Paukenschlag,
die tönten wirbelnd: Guten Tag.

Regina Schwarz

September

Was ist im September alles los?

1. September

Im September geht der Sommer zu Ende. Nachts wird es oft schon kühl und neblig. Die Vögel sammeln sich für ihren weiten Flug in südliche Länder. Auf den Feldern riecht es nach Kartoffelernte, im Wald nach Pilzen und Beeren, in den Obstgärten nach Äpfeln und Birnen. Ende September beginnt die Weinlese. Obwohl im September der Herbst beginnt, kann es noch sommerlich warm sein. Diese warmen Tage nennt man den „Altweibersommer". Dann fangen die jungen Wolfspinnen an, sich im Wind treiben zu lassen. Hast du die Fäden, an denen sie durch die Luft segeln, schon einmal gesehen? Wenn die Sonne schon etwas tiefer steht, glänzen sie silbern im Herbstlicht.

Warum fliegen die Vögel in den Süden?

2. September

Im Herbst, wenn es kalt wird, erfrieren die meisten Insekten. Die Vögel finden jetzt kaum mehr etwas zu fressen. Denn Körner und Samen sind längst nicht für alle Vögel geeignet, weil sie diese mit ihren spitzen Schnäbeln oft gar nicht aufknacken können. Daher brechen die Vögel in großen Scharen auf in Richtung Süden, sogar über das Mittelmeer bis nach Afrika fliegen sie. Man nimmt an, die Vögel würden eine Art inneren Kompass mit sich tragen, der ihnen die Richtung in den Süden weist. Die jungen Vögel, die diese lange Reise noch nie mitgemacht haben, lernen dann von den älteren, den Weg zu finden. Überall lauern Gefahren. In südlichen Ländern werden die kleinen Zugvögel oft in Netzen gefangen und gegessen. Das müsste in ganz Europa verboten werden.

Flaschendrehen

So geht's: Alle Kinder sitzen im Kreis auf dem Boden. In der Mitte liegt eine Flasche. Zuerst wird ausgezählt, wer anfängt. Dieses Kind dreht die Flasche. Auf den der Flaschenhals zeigt, muss z. B. Schuhe in einer Minute aus- und wieder anziehen, ein Gedicht aufsagen oder ein Lied singen, auf einem Bein durchs Zimmer hüpfen usw. Hat das Kind diese Aufgabe erfüllt, darf es selbst die Flasche drehen und sich eine neue Aufgabe ausdenken.

3. September

**Du brauchst:
viele Kinder,
1 Flasche**

Ganz einfach: Wir basteln ein Flitterbild

So geht's: Je nachdem, zu welcher Gelegenheit du das Bild brauchst, verwendest du entweder einen ganzen Bogen farbigen Kartons oder nur ein Stück in Postkartengröße. Male etwas auf den Karton: eine Blume, ein Tier, ein Muster, die Sonne, den Mond und Sterne … Die Linien deiner Zeichnung ziehst du nun mit Klebstoff nach. Dann streust du Flitter aufs Papier. Wenn der Klebstoff getrocknet ist, kannst du den übrigen Flitter vom Papier abschütteln.

4. September

**Du brauchst:
farbigen Karton,
Flitter (gibt es im
Bastelladen),
1 Bleistift, Klebstoff**

Witztag

Die kleine Leni heult ganz schrecklich im Kindergarten.
„Leni, was ist denn los?", fragt die Erzieherin.
„Johannes hat meine Puppe kaputtgemacht!"
„Wie hat er denn das geschafft?", fragt die Erzieherin.
„Ich habe sie ihm über den Kopf gehauen."

5. September

Ein Rätsel, das man auch singen kann

6. September

Ein Männlein steht im Walde, ganz still und stumm,
es hat vor lauter Purpur ein Mäntlein um.
Sagt, wer mag das Männlein sein,
das da steht im Wald allein
mit dem purpurroten Mäntelein?

Ein Männlein steht im Walde auf einem Bein.
Und hat auf seinem Kopf ein schwarz' Käpplein klein.
Sagt, wer mag das Männlein sein,
das da steht im Wald allein
mit dem kleinen schwarzen Käppelein?

Das Männlein ist ein Fliegenpilz.

August Heinrich Hoffmann von Fallersleben

Jetzt ist Pilzzeit

7. September

Fliegenpilze sehen zwar wunderschön aus, sind aber giftig, wie manche andere Pilze auch. Aber es gibt viele essbare Pilze, die gut schmecken, wie Steinpilze, Pfifferlinge, Rotkappen, Birkenpilze, um nur die bekanntesten zu nennen. Im Wald auf Pilzsuche zu gehen, macht Spaß. Aber Vorsicht! Nur echte Pilzkenner sollten Pilze pflücken, denn durch giftige Pilze kann man sehr krank werden und sogar sterben.

Spannenlanger Hansel, nudeldicke Dirn

8. September

Spannenlanger Hansel, nudeldicke Dirn,
gehn wir in den Garten, schütteln wir die Birn'.
Schüttle ich die großen, schüttelst du die klein',
wenn das Säcklein voll ist, gehn wir wieder heim,
spannenlanger Hansel, nudeldicke Dirn.

Gewusst wie: Walnusskäfer als Tischschmuck

So geht's: Die Walnuss in der Mitte teilen (lass dir dabei von einem Erwachsenen helfen), den Nusskern herausnehmen und essen. Dann legst du die Nussschalen flach auf das Papier und umrandest sie mit einem Stift. An den gezeichneten Linien entlang schneidest du die Form aus, und zwar etwas größer als auf dem Papier. Nun malst du auf eine Seite der Nussschale den Kopf des Käfers. Den Rest der Schale bemalst du mit roter Farbe. Wenn die Farbe trocken ist, tupfst du noch schwarze Punkte darauf. Vorn am Kopf bekommt der Käfer zwei Fühler angeklebt. Dann wird der Käfer auf die bereits ausgeschnittene Unterlage geklebt. Die zweite Nussschale bemalst du genauso.

9. September

Du brauchst:
1 große Walnuss,
festes Papier, Filzstift,
Schere, Kleber,
Wolle für die Fühler
des Käfers.

Die Heinzelmännchen

Wie war zu Köln es doch vordem
mit Heinzelmännchen so bequem!
Denn – war man faul – man legte sich
hin auf die Bank und pflegte sich:
Da kamen bei Nacht,
eh man's gedacht,
die Männlein und schwärmten
und klappten und lärmten
und rupften
und zupften
und hüpften und trabten
und putzten und schabten,
und eh ein Faulpelz noch erwacht,
war all sein Tagewerk bereits gemacht!

August Kopisch

10. September

11. September

Geschichte vom Teich

Anna und ihre Katze Grauchen sitzen am Teich im Garten. Noch scheint die Sonne warm auf Anna, auf Grauchen, auf die goldenen Fische und auf einen großen Felsen mitten im Teich. Darauf landet eine Amsel. Zuerst hüpft sie ein bisschen hin und her und beäugt den Badeplatz von allen Seiten. Dann taucht sie den rechten Flügel ins Wasser, schüttelt sich, dann kommt der linke Flügel an die Reihe.

Grauchen ist aufgeregt. So ein dicker Vogel, direkt vor ihrer Schnauze! Sie duckt sich – und springt los! Platsch!, macht es. Dann sind alle verschwunden! Grauchen, die Fische und die Amsel. Die Amsel ist fortgeflogen, die Fische haben sich versteckt und Grauchen ist im Wasser untergetaucht. Doch dann kommt sie wieder hoch. Wie eine gebadete Maus sieht sie aus. Das Fell klebt am Körper. Der Schwanz ist nur noch ein dünnes Schnürchen. Grauchen saust ins Haus. Anna holt ein Handtuch und reibt Grauchens Fell trocken.

Bald sitzen beide wieder am Teich in der Sonne. Auch die Fische sind wieder da, und die Amsel singt oben in der alten Eiche.

12. September

Was die Tiere alles lernen

Die Enten lernen schnattern,
die Fledermäuse flattern,
die Hähne lernen krähen,
die Schafe lernen bäen.

Die Tauben lernen fliegen,
und meckern alle Ziegen.
Die Stare lernen plappern,
die jungen Störche klappern.

Die Spinne lernt das Weben,
der Schmetterling lernt schweben,
die Fische lernen schwimmen,
Eichhörnchen lernen klimmen.

Das Muhen lernt das Kälbchen,
und bauen lernt das Schwälbchen.
Das Wiehern lernen Pferde,
es lernt's die ganze Herde.

Rudolf Löwenstein

Rätseltag

Welcher Hahn hat keine Federn und kann auch nicht krähen?

Der Wasserhahn

Welcher Fuß kann stehen, hat aber keine Zehen?

Der Tischfuß

Welches Haus kann wandern?

Das Schneckenhaus

13. September

Gewusst wie: Ein Ferkel aus Papier

So geht's: Auf das Stück Papier malst du ein Ferkel von vorne (einen runden Bauch, zwei Ohren und zwei Füße). Male es rosa an und nähe da, wo die Augen sein sollen, die zwei kleinen Knöpfe und dort, wo der kleine Schweinerüssel sein soll, den großen Knopf an. Dann schneidest du das Ferkel aus. Du kannst das Ferkel auf eine Karte kleben oder zwischen seinen Ohren einen Faden durchziehen und es in deinem Zimmer aufhängen.

14. September

Du brauchst:
1 Stück Papier,
rosa Farbstift,
2 kleine Knöpfe,
1 großen Knopf,
Nadel, Faden

Heute das Spiel vom Kater MIAU

So geht's: Alle setzen sich im Kreis auf den Boden oder auch in einer Reihe, wenn ihr für einen Kreis zu wenige seid. Einer wird ausgezählt und ist dann Kater MIAU. Der setzt sich jetzt vor euch, macht schreckliche Grimassen, maunzt, schreit und versucht damit, euch zum Lachen zu bringen. Wer lacht, ist der nächste Kater MIAU.

15. September

Du brauchst:
mind. 2 Mitspieler

16. September

Die September-Geschichte vom Bauernhof

„Es gibt viele, viele gelbe Blumen." Susi zählt auf: „Butterblumen, Löwenzahn … "

„Und Sonnenblumen", sagt Paul. „Die sind am aller-allerschönsten."

Paul hat recht. Auf dem großen Feld hinter dem Wäldchen hat Papa Sonnenblumen gesät. Kaum waren sie gesät, sind sie auch schon gewachsen. Jetzt sind sie so groß wie Susi und sogar größer als Paul.

Auch Mama findet die Sonnenblumen wunderschön. Wenn sie blühen, steht immer ein Strauß davon in der Diele.

„Macht ihr aus den ganzen Sonnenblumen Sträuße?", fragt Kerstin, Susis Freundin.

„O nein", sagt Susi. „Papa verkauft die Sonnenblumenkerne. Die sind so gut wie Nüsse. Man kann sie so essen oder sie kommen ins Brot. Aber meistens wird aus den Kernen Öl gemacht."

„Öl?", fragt Kerstin.

„Die Kerne werden gepresst", erklärt Susi. „Und aus dem Saft wird dann das Öl gewonnen."

„Zwischen den Sonnenblumen kann man sich sogar verstecken", sagt Paul.

„Au ja!", ruft Kerstin. „Susi muss uns suchen."

Im Sonnenblumenfeld ist es fast ein bisschen unheimlich, findet Paul. Vor allem, wenn es ganz heiß ist und man nur die Fliegen und die Bienen summen hört.

Susi hat Kerstin gleich entdeckt, nicht aber Paul. Sie sucht und sucht, dann ruft sie laut. Aber Paul findet nicht mehr aus dem Sonnenblumenfeld heraus. „Ich habe mich verirrt!", schreit er.

Zum Glück kommt Bobby angerannt. Er schnüffelt herum, und schon hat er Paul entdeckt.

„Ich habe gar nicht gewusst, wie spannend Sonnenblumen sein können", sagt Kerstin und knackt gleich ein paar Kerne.

Quiztag – finde die richtige Antwort

Aus welchen Planzen kann man kein Öl pressen?

– Aus Oliven

– Aus Oleander

– Aus Sonnenblumen?

Aus Oleander kann man kein Öl pressen.

Welche Vögel bleiben im Winter bei uns?

– Die Meisen

– Die Störche

– Die Spechte

Die Meisen und die Spechte

Welcher Vogel fliegt nicht in den Süden?

– Die Lerche

– Der Eichelhäher

– Die Drossel

Der Eichelhäher fliegt nicht in den Süden.

Zungenbrecher zum Üben

Quallen queren quietschend quellende Quellen,
quellende Quellen queren quietschend Quallen.

Alles, was Federn hat, fliegt hoch

So geht's: Du und deine Freunde, ihr sitzt im Kreis, entweder auf
dem Boden oder auf Stühlen. Einer wird ausgezählt. Der fängt an
und ruft: „Alles, was Federn hat, fliegt hoch!" Dabei hebt er beide
Arme in die Höhe. „Tauben fliegen hoch!", fährt er fort. Dabei
heben wieder alle die Arme in die Höhe. „Schweine fliegen
hoch!", ruft er nun plötzlich. Florian hat nicht aufgepasst und
reißt die Arme nach oben. Pech gehabt! Er muss nun selbst weitermachen.

**Du brauchst:
mind. 3 Mitspieler**

Ich bin ein Musikante

20. September

Refrain:
Ich bin ein Musikante und komm aus Schwabenland.
Ich bin ein Musikante und komm aus Schwabenland.

1. Ich kann blasen, die Trompete.
   Törötötö, törötötö, törötötötötö.

Refrain
2. Ich kann auch spielen, die Violine,
   simsimserim, simsimserim, simsimserimsimsim.

Refrain
3. Ich kann schlagen, die große Trommel.
   Tumtumtumtum, tumtumtumtum, tumtumtumtumtumtum.

Gewusst wie: Eichelmarie und Eichelhans

21. September

**Du brauchst:
2 große und 2 kleine
Eicheln (die großen
für den Kopf, die klei-
nen für den Bauch),
Zahnstocher oder
Streichhölzer**

So geht's: Bohre in jede Eichel ein Loch und stecke mit Zahnstochern oder Streichhölzchen je eine große und eine kleine Eichel zusammen. Für den Hut setzt du zwei Eichelhütchen auf die beiden Köpfe.
Brich jetzt von zwei weiteren Eichelhütchen oben den Stiel ab, und schon haben Eichelfrau und Eichelmann hübsche Becher.

Rätseltag

22. September

Fünf junge Eichhörnchen sitzen mit ihren Eltern auf einem Ast. Da kommt ein kräftiger Windstoß und alle fallen auf den weichen Waldboden. Das Jüngste piepst entsetzt: „Oh nein, jetzt liegen wir alle sechs auf dem Boden!"
Weißt du, wo das siebte Eichhörnchen geblieben ist?

Ganz einfach, das jüngste Eichhörnchen konnte noch nicht richtig zählen.

Herbstanfang

Der Herbstanfang ist auch gleichzeitig die Tagundnachtgleiche. Das bedeutet, dass auf der ganzen Welt dieser Tag genauso lang ist wie die Nacht, nämlich jeweils zwölf Stunden. Wie auch schon bei Frühlingsbeginn steht die Sonne genau über dem Äquator. Aber diesmal beginnt für die nördliche Halbkugel der Erde der Herbst und für die Südhalbkugel der Frühling. Bei uns werden jetzt die Tage immer kürzer, bis am 21. Dezember der kürzeste Tag des Jahres ist, genau drei Tage vor Weihnachten. Ab dann werden die Tage wieder länger.

23. September

Das Münchner Oktoberfest

Zum Münchner Oktoberfest kommen Leute aus der ganzen Welt. Obwohl die größte Kirmes der Welt Oktoberfest heißt, fängt sie schon im September an und hört erst im Oktober auf.
Das Oktoberfest ist schon fast 200 Jahre alt. Das erste fand im Jahr 1810 statt. Damals war Maximilian I. König in Bayern. Als sein Sohn die Prinzessin Therese Charlotte Louise von Sachsen-Hildburghausen heiratete, wurden alle Münchner zum Essen auf einer großen freien Wiese am Sendlinger Berg eingeladen. Die wurde dann später nach der Prinzessin Therese Theresienwiese genannt.

24. September

Gewusst wie: Baum aus getrockneten Blättern

So geht's: Presse die Herbstblätter zwischen den Seiten eines Buches. Ungefähr zwei Tage dauert es, bis die Blätter trocken sind. Jetzt nimmst du ein großes Blatt Papier und malst darauf einen Baumstamm mit Ästen. Deine gepressten Blätter klebst du an die Zweige.

25. September

Du brauchst:
gepresste Herbstblätter, Papier, Stifte, Kleber

Weißt du, warum die Blätter fallen?

26. September

Gegen Ende September werden die Blätter bunt und fallen bald von den Bäumen. Solange die Sonne auf die Blätter scheint, können sie sich mit allen wichtigen Nährstoffen versorgen und sogar mithilfe des Sonnenlichts aus der Luft Sauerstoff herstellen. Ohne diesen Sauerstoff können Menschen und Tiere nicht leben. Im Herbst aber, wenn die Tage kürzer werden, hat die Sonne weniger Kraft. Der grüne Farbstoff, den man Chlorophyll nennt, zieht sich aus den Blättern zurück und andere Farbstoffe wie Karotin, der für Gelb und Orange verantwortlich ist, überwiegen. Der Übergang von den Ästchen zu den Blattstielen wird dann durch eine dünne Korkschicht verschlossen. Jetzt reicht schon ein bisschen Wind, und das Blatt bricht ab und fällt zu Boden. Wenn die Blätter bunt werden, bereitet sich der Baum auf den Winter vor. Er zieht das Wasser aus seinen Blättern, Zweigen, Ästen, und sogar aus dem Stamm. Dann kann es nicht mehr gefrieren und die Adern des Baums zum Platzen bringen.

27. September

Herbstgedicht

Der Herbst steht auf der Leiter
und malt die Blätter an,
ein lustiger Waldarbeiter,
ein froher Malersmann.

Er kleckst und pinselt fleißig
auf jedes Blattgewächs,
und kommt ein frecher Zeisig,
schwupp, kriegt der auch 'nen Klecks.

Die Tanne spricht zum Herbste:
„Das ist ja fürchterlich,
die andern Bäume färbste,
was färbste nicht mal mich?"

Die Blätter flattern munter
und finden sich so schön.
Sie werden immer bunter.
Am Ende falln sie runter.

Peter Hacks

Das Märchen von den drei Federn

Es war einmal ein alter König. „Bevor ich sterbe", sagte er zu seinen drei Söhnen, „möchte ich mein Königreich vererben. Der bekommt es, der mir den schönsten Teppich bringt." Dann blies er drei Federn in die Luft und rief: „Wohin sie fliegen, sollt ihr ziehen." Die eine Feder flog nach rechts, die andere nach links. Und eine fiel genau vor die Füße des Jüngsten, den alle den Dummling nannten, weil er nicht so gut reden konnte wie seine Brüder. Wie der nun so um sich sah, bemerkte er, dass die Feder neben einer Falltür lag. Die hob er hoch, fand eine Treppe und stieg hinab, bis er zu einem Tor kam. Daran klopfte er, und jemand rief:

> „Jungfer grün und klein, Hutzelbein,
>
> Hutzelbeins Hündchen, Hutzel hin und her,
>
> lass geschwind sehen, wer draußen wär."

Hinter der Tür saß eine dicke Kröte zwischen lauter jungen Kröten. „Was willst du?", fragte die alte Kröte. „Den schönsten Teppich der Welt", antwortete der Dummling. Da rief die alte Kröte:

> „Jungfer grün und klein, Hutzelbein,
>
> Hutzelbeins Hündchen, Hutzel hin und her,
>
> bring mir die große Schachtel her."

Da wurde ihr eine Schachtel gebracht, in der ein wunderbarer Teppich lag. Als der Dummling ihn heimbrachte, rief der König: „Dem Jüngsten gehört das Königreich!" „Oh nein, wie kannst du nur dem Dummling das Königreich geben!", schrien die älteren Söhne, die sich gar keine Mühe gegeben und hässliche Teppiche gebracht hatten. Aber weil sie sich gar so laut beschwerten, ließ der König nochmals drei Federn fliegen. „Wer den schönsten Ring bringt, soll König werden", sagte er.

Die älteren Söhne kamen mit hässlichen Ringen zurück. Der Dummling aber bekam einen herrlichen Ring von der Kröte. Als er den nun dem König brachte, sagte er: „Dem Jüngsten gehört das Königreich." Da zeterten die beiden Brüder wieder so lange, bis der König nachgab: „Das ist das letzte Mal. Wer mir die schönste Frau bringt, wird König." Der Dummling stieg wieder zur Kröte hinunter. Diesmal gab sie ihm eine ausgehöhlte Rübe, die mit sechs Mäusen bespannt war. „Was soll ich damit?", fragte er. „Setz einfach eine junge Kröte hinein!", befahl die Kröte. Und siehe da, aus der Rübe wurde eine Kutsche, aus den Mäusen Pferde und aus der Kröte ein wunderschönes Mädchen. Als der König es sah, rief er: „Die beiden sollen König und Königin werden!" Und die faulen Brüder gingen leer aus.

Mein Wunsch

29. September

Wenn ich mir etwas wünschen dürfte,
ich wüsste was.
Ich würde wünschen, dass
ein Riese zu mir auf Besuch käme
und mich einfach auf seine Schultern nähme.
Er müsste mit mir durch die Straßen gehn,
und alle Leute blieben stehn.
In die Schornsteine könnte ich gucken
und von oben herunterspucken.
Niemand würde es wagen,
„Na, Kleine" zu mir zu sagen.
Und käme mein Freund vorbei,
würde ich den Riesen sehr nett fragen:
„Kannst du ihn vielleicht
auf der linken Schulter tragen?"
Und wir zwei würden von oben runtergucken
und fünf Minuten lang um die Wette spucken.
Das würden wir machen, wir zwei,
und wir hätten viel Spaß dabei.

Regina Schwarz

ABC im September

30. September

Male etwas, das mit den Buchstaben Q, R und S beginnt, und
schreibe die Buchstaben dahinter. Vielleicht Qualle, Regenwurm
und Schlange. Oder was dir einfällt.

Quasselquatsch und Quarkgesicht,
Rübenmus schmeckt Rübenwicht.
Soßenschwein mag Sahnesau,
Suppenmann liebt Suppenfrau.

Regina Schwarz

Oktober

Was ist im Oktober alles los?

1. Oktober

Im Oktober wird das Erntedankfest gefeiert und am 3. Oktober ist der Tag der Deutschen Einheit. Am 31. Oktober begehen die Protestanten das Reformationsfest. Und die Nacht darauf, vom 31. Oktober auf den 1. November, ist Halloween.

Das Erntedankfest wird gefeiert, wenn im Herbst die letzten Früchte reifen: Äpfel, Birnen, Zwetschgen und Pflaumen. Auch der Mais kann nun geschnitten, die Kartoffeln ausgegraben und die Weintrauben gepflückt werden. Jedes Land feiert sein Erntedankfest anders. Die Menschen in Indien, die viel Reis anbauen, feiern Reisfeste. In Ungarn gibt es Maiserntefeste, in Belgien Nussmärkte, und überall da, wo Weintrauben wachsen, gibt es Weinfeste.

2. Oktober

Ging ein Weiblein Nüsse schütteln

Ging ein Weiblein Nüsse schütteln,
Nüsse schütteln, Nüsse schütteln,
alle Buben halfen rütteln,
halfen rütteln, rums!

Ging ein Weiblein Himbeer'n pflücken,
Himbeer'n pflücken, Himbeer'n pflücken,
riss den Unterrock in Stücken,
Unterrock in Stücken, rums!

Hat nicht nur den Rock zerrissen,
Rock zerrissen, Rock zerrissen,
wird die Schuh auch flicken müssen,
flicken müssen, rums!

Tag der Deutschen Einheit

3. Oktober

Viele Jahre war Deutschland geteilt. Es gab die Bundesrepublik Deutschland und die Deutsche Demokratische Republik. Am 3. Oktober 1990 wurde Deutschland wiedervereint. Die Menschen in Ostdeutschland und Westdeutschland konnten endlich zueinander kommen, ohne Grenzen und Mauern.

Warum gibt es einen Welttierschutztag?

Am Welttierschutztag sollen Menschen auf die Not der Tiere **4. Oktober**
aufmerksam gemacht werden. Was tun wir, um Tiere zu schützen? Denk mal an die Hühner in den Legebatterien und an die
Haltung von Kühen, Schweinen, Schafen, Enten, Gänsen, Trut-
hähnen, die geschlachtet werden sollen.

Wir können stattdessen Eier von Hühnern kaufen, die draußen
frei herumlaufen dürfen und Fleisch von Tieren, die so gehalten
werden, dass sie sich einigermaßen wohl dabei fühlen können.
Viele Tierarten auf unserer Welt drohen auszusterben, weil der
Mensch ihre Lebensbereiche immer mehr einengt und sie jagt.
Überall auf der Welt müssen Tierschützer wachsam sein, damit
unsere Tiere auf der Welt nicht aussterben.

5. Oktober

Geschichte vom Teich

Es sind die letzten warmen, schönen Oktobertage. Papa, Mama und Anna haben sich
einen kleinen Tisch und drei Stühle an den Teich gestellt und essen zu Abend. Auch
Grauchen kommt mit erhobenem Schwanz anspaziert.
Die Fische schimmern golden im Wasser, drehen eine letzte Runde und verschwinden
dann unter den Seerosenblättern. Grauchen spitzt die Ohren. Irgendetwas hat ge-
raschelt! Papa holt die Taschenlampe und leuchtet ins Gestrüpp.
„Eine dicke Kröte!", flüstert er. „Mit goldenen Augen!"
„Vielleicht ist sie eine verwunschene Prinzessin", meint Anna, „so wie im Märchen."
„Hoffentlich nicht", sagt Mama. „Eine verwunschene Prinzessin würde bestimmt kein
Ungeziefer fressen wie eine richtige Kröte. Und Ungezieferfresser brauchen wir ganz
nötig."
„Lassen wir sie in Ruhe", meint Papa. „Und hoffen, dass sie bleibt, was sie ist, nämlich
eine echte Kröte."

Zehn Scherzfragen

6. Oktober

Welcher Hahn hat keine Federn?
Welche Uhr hat keine Räder?
Welches Hemd hat keinen Kragen?
Welcher Leib hat keinen Magen?
Welcher Knecht kann niemals gehen?
Welcher Fuß hat keine Zehen?
Welches Wasser muss man teuer zahlen?
Welche Bohnen muss man mahlen?
Welches Haus hat keine Steine?
Welches Pferd hat nur zwei Beine?

Wasserhahn, Sonnenuhr, Unterhemd, Brotlaib, Stiefelknecht, Tischfuß, Kölnisch Wasser, Kaffeebohnen, Schneckenhaus, Steckenpferd

Tiere im Oktober

7. Oktober

Im Oktober suchen viele kleine Tiere ein Winterquartier. Die Igel schlüpfen unter große Laubhaufen. Die Siebenschläfer suchen sich warme Stellen in alten Speichern oder unter dem Dach von Gartenhäusern. Wühlmäuse und Maulwurf vertiefen ihren Bau und tragen wärmendes Moos und getrocknete Grashalme in ihre Nester unter der Erde. Die Bienen haben das ganze Jahr Honig in ihren Waben angesammelt, von dem sie im Winter leben können. Die Eichhörnchen haben Nüsse zusammengetragen und gut versteckt. Im Gebirge hat sich das Murmeltier viel Fett angefressen und schläft vielleicht schon tief in seinem Bau unter Schnee und Steinen. Die Eule und das Käuzchen haben in hohlen Bäumen oder großen Astlöchern Quartier bezogen und versuchen dort der Kälte zu trotzen.

Andere Tiere haben sich gut an den bald kommenden Winter angepasst. Ihnen wächst ein dichtes und warmes Fell, dessen Farbe sich vielleicht sogar geändert hat. So sind sie dann im Schnee nicht mehr so leicht zu entdecken.

Quiztag – finde die richtige Antwort

Welcher Baum verliert im Herbst seine Nadeln?

– Die Lärche

– Die Fichte

– Die Tanne

8. Oktober

Die Lärche. Sie gehört zur Familie der Kieferngewächse.
Die Kiefern jedoch, die du bei uns im Wald findest, verlieren ihre Nadeln
im Gegensatz zur Lärche nur alle zwei oder drei Jahre.

Warum heißt der Oktober auch der „Goldene Oktober"?

– Weil früher die Leute auf dem Land die golden glänzenden
  Zehnpfennigstücke in den Dorfbrunnen geworfen haben.

– Weil im Oktober in Bayern die vergoldeten Kirchtürme ganz
  besonders schön glänzen.

– Weil an sonnigen Tagen das Herbstlaub vieler Bäume und
  Büsche golden leuchtet.

Der Oktober ist oft trocken und der Himmel ganz blau. Die Buchen, der Ahorn, die
Birken und Espen tragen ihr schönstes Herbstlaub. Die Blätter der Weinreben leuch-
ten rot und golden. Diese Farben haben dem Oktober auch den Beinamen „goldener
Oktober" beschert.

Ein Gedicht für alle, die im Oktober Geburtstag haben

Viel Glück und viel Segen
auf all deinen Wegen,
Gesundheit und Frohsinn
sei auch mit dabei!

9. Oktober

Geschicklichkeitsspiel

10. Oktober

Du brauchst:
6 Kinder,
2 gleiche Knöpfe
oder Münzen

So geht's: Bei diesem Spiel sollten mindestens sechs Kinder mitspielen. Als Spielmaterial brauchst du noch zwei gleiche Knöpfe oder Münzen, die nicht zu klein sein sollten.

Durch Auszählen werden zwei Gruppen bestimmt. Beide Gruppen setzen sich jeweils hintereinander auf den Boden. Das vorne sitzende Kind klemmt sich einen Knopf zwischen die Zehen. Dann dreht es sich so schnell wie möglich herum und gibt den Knopf dem hinter ihm sitzenden Kind. Dieses muss ihn wiederum mit den Zehen aufnehmen und weitergeben. Keinesfalls darf der Knopf auf den Boden fallen. Passiert das, muss diese Gruppe wieder von vorn anfangen. Die Gruppe, deren Knopf zuerst beim letzten Spieler angelangt ist, hat gewonnen.

Gewusst wie: Wir basteln ein Schaf

11. Oktober

Du brauchst:
die Schalen von
Walnüssen,
Wolle oder Watte,
Pappe, Klebstoff,
Filzstifte Schere

So geht's: Du knackst die Schale und isst die Nuss. Eine leere Walnusshälfte legst du auf die Pappe und umrandest sie. Dann malst du vorn an die Nusshälfte noch einen Schafskopf mit Ohren dran, links und rechts zwei Beine und hinten ein Schwänzchen. Dieses aufgezeichnete platte Schaf schneidest du aus, legst es auf die Pappe und schneidest es ein zweites Mal aus. Dann klebst du beide Teile, bis auf die Beine, deckungsgleich zusammen. Nun befestigst du mit Kleber die beiden Nusshälften auf deinem Papierschaf. Zum Schluss klebst du die Wolle auf den Schaf-Nussbauch. Jetzt brauchst du nur noch die Beine auseinanderzubiegen, damit dein Schaf stehen kann. Schafe sind Herdentiere. Bastle noch ein paar Schafe, sonst fühlt sich dein Schaf allein schnell einsam.

Apfelmus aus Fallobst

Unter jedem Apfelbaum findest du jetzt heruntergefallene Äpfel. Nimm ein paar mit nach Hause. Lass dir beim Schälen, Kerngehäuse herausschneiden und beim Zerkleinern von einem Erwachsenen helfen. Dann Apfelstücke in den Topf geben, etwa die gleiche Menge Apfelsaft hinzugeben und ungefähr fünf Minuten kochen lassen. Fertig ist das Apfelmus.

12. Oktober

**Du brauchst:
5 Äpfel, Apfelsaft,
Topf, Kochlöffel**

Was weißt du über die Kartoffel?

Die Kartoffel schmeckt gekocht, gebacken, in Öl als Pommes frites gebraten oder als Ofenkartoffel. Ursprünglich kam die Kartoffel aus Südamerika. Bei den Inkas war sie ein wichtiges Nahrungsmittel. Als die Spanier dann nach Südamerika kamen, die Inkas unterwarfen und ihnen alle ihre Schätze raubten, nahmen sie auch Saatkartoffeln nach Europa mit. Zuerst wurden sie nur als Zier- und Heilpflanzen angebaut, später aber wurden sie als Nahrungsmittel unentbehrlich. Schon König Friedrich der Große, der vor 300 Jahren gelebt hat, befahl seinen Bauern in Preußen, Kartoffeln anzubauen. Der Sandboden in seinem Land war für den Kartoffelanbau ganz besonders gut geeignet. Übrigens gibt es nicht nur eine Kartoffelsorte sondern ganz verschiedene.

13. Oktober

Lob der Kartoffel

Schön rötlich die Kartoffeln sind
und weiß wie Alabaster.
Sie verdau'n sich lieblich und geschwind
und sind für Mann und Frau und Kind
ein echtes Magenpflaster.

Matthias Claudius

14. Oktober

15. Oktober

Die Oktober-Geschichte vom Bauernhof

„Der Herbst riecht gut", sagt Susi. „So gut wie der Frühling und der Sommer. Nur anders."

„Ja", sagt Mama. „Der Herbst riecht nach Kartoffeln und nach nassem Gras, nach Pilzen, nach Äpfeln und manchmal schon ein bisschen nach Schnee."

„Nicht nach Schnee, nur nach gebratenen Kartoffeln!", ruft Paul. „Wann machen wir denn endlich unser Kartoffelfeuer auf dem Acker?"

„Wenn Papa die letzten Kartoffeln erntet", antwortet Susi. „Dann verbrennen wir das Kartoffelkraut und in der Glut braten wir die frischen Kartoffeln. Lecker!" Sie fährt sich mit der Zunge über die Lippen.

Endlich ist es so weit. Papa fährt schon morgens mit seinem roten Traktor aufs Feld hinaus. Am Traktor hängt ein Wagen mit einer Maschine, die die Kartoffeln ausgraben und einsammeln kann. Bald ist der Wagen gehäuft voll. Am Nachmittag kommen dann Mama, Susi und Paul. Susis Freundin Kerstin und Pauls Freund Luis sind auch dabei.

Zum Glück liegen auf dem Acker noch ziemlich viele Kartoffeln herum. Während Susi und Paul das trockene Kartoffelkraut auf einen großen Haufen türmen, sammeln Kerstin und Luis herumliegende Kartoffeln.

Weil der Haufen aus Kartoffelkraut nicht richtig brennen will, sausen Susi, Paul, Kerstin und Luis noch zum Wäldchen und holen dort Zweige und Tannenzapfen. Es dauert ganz schön lang, bis die Kartoffeln in der Glut fertig sind. Aber das macht nichts. Sie spielen Fangen zwischen den Bäumen und schauen, ob sie die Maus entdecken, die sie im Sommer dort ausgesetzt und vor Minz gerettet hatten.

„Ich habe sie gesehen!", ruft Paul. „Sie hat mir aus ihrem Loch heraus mit der Pfote zugewinkt."

„Die Kartoffeln sind fertig!", ertönt Mamas Stimme. Alle vier Kinder sausen zurück. Darum können sie auch gar nicht mehr nachprüfen, ob Paul mit der winkenden Maus nicht geschwindelt hat.

„Auf dem Acker schmecken die Kartoffeln am aller-aller-allerbesten", sagt Paul schließlich und wischt sich über die Lippen. „Schade, dass ich jetzt schon so satt bin." Die letzte Kartoffel muss er liegen lassen. Aber das macht nichts. Die holt sich am Abend vielleicht die Maus aus dem Wäldchen.

Schokoladenspiel

So geht's: Eine Tafel Schokolade wird in viele Papierhüllen verpackt und verschnürt. Dann setzt ihr euch an einen Tisch. Wer zuerst eine Sechs würfelt, darf anfangen. Mit Messer und Gabel versucht er nun, das Päckchen aufzumachen. Die andern würfeln weiter. Wer die nächste Sechs hat, darf weitermachen.

16. Oktober

**Du brauchst:
Freunde, 1 Tafel
Schokolade, Würfel,
Papier, Schnur, Messer,
Gabel**

Witztag

Maus und Elefant verreisen gemeinsam ins Ausland. An der Grenze stellt sich heraus, dass der Elefant seinen Pass vergessen hat und deshalb nicht weiterreisen darf. Da kauft die Maus schnell ein Brötchen, schneidet es auseinander und klebt die eine Hälfte dem Elefant an den Kopf, die andere ans Hinterteil. Dann geht sie zum Zöllner, zeigt auf den Elefanten und sagt: „Das ist mein Reiseproviant – ein belegtes Brötchen! Das darf ich doch mitnehmen."

17. Oktober

Herbstgedicht

Bunt sind schon die Wälder,
gelb die Stoppelfelder,
und der Herbst beginnt.
Rote Blätter fallen,
graue Nebel wallen,
kühler weht der Wind.

J. G. von Salis-Seewis

18. Oktober

Gewusst wie: Wir basteln Obst ausSteinen

So geht's: Wasche die Steine und male sie so an, wie die wirklichen Früchte aussehen: Birnen gelb oder grün, Äpfel grün und rot, Zwetschgen dunkelblau. Modelliere aus der Knetmasse Blätter und klebe sie oben an der Stein-Frucht fest. Ein Stück Zahnstocher wird als Stil oben zwischen die Blätter gesteckt.

19. Oktober

**Du brauchst:
Steine in der Form von
Birnen, Äpfeln usw.,
Knetmasse,
Plakafarben, Pinsel,
Kleber,
Zahnstocher**

Winterzeit

20. Oktober   Am letzten Wochenende im Oktober wird die Uhr in der Nacht von Samstag auf Sonntag um eine Stunde, von 4 Uhr auf 3 Uhr, zurückgestellt. Dieser Sonntag hat also 25 Stunden. Der Beginn der Winterzeit gibt uns die Stunde zurück, die uns die Sommerzeit im März gestohlen hat.

21. Oktober

Lied vom kleinen Apfel

In meinem kleinen Apfel,
da sieht es lustig aus:
Es sind darin fünf Stübchen,
grad wie in einem Haus.

In jedem Stübchen wohnen
zwei Kernchen schwarz und fein,
die liegen drin und träumen
vom lieben Sonnenschein.

Sie träumen auch noch weiter
gar einen schönen Traum,
wie sie einst werden hängen
am lieben Weihnachtsbaum.

Zungenbrecher

22. Oktober   Unke unkt ungehört auf Unkenart,
auf Unkenart unkt ungehört Unke.

Anziehpuppen einmal anders

23. Oktober   Erinnerst du dich noch an die Papierpuppen, denen man schöne Kleider aus Papier machen kann? Am 27. Mai gab es in diesem Buch eine Anleitung dazu. Ziehe deine Papierpuppen heute einmal wie einen Zauberer, mit Zauberhut und Mond-und-Sternen-Umhang, oder wie eine Hexe, mit Besen und einer Krähe auf der Schulter, an. Oder wie einen Ritter. Oder …

24. Oktober

Das Märchen vom Rotkäppchen

Es war einmal ein kleines Mädchen, das alle Rotkäppchen nannten, weil es immer ein rotes Käppchen trug.

„Rotkäppchen", sagte die Mutter eines Tages, „deine Großmutter ist krank. Bring ihr Kuchen und Wein vorbei."

Nicht weit vom Haus der Großmutter entfernt begegnete Rotkäppchen dem bösen Wolf. Aber weil er freundlich fragte: „Wohin gehst du?", hatte es keine Angst und antworte: „Ich besuche meine Großmutter."

„Pflück ihr doch noch ein paar Blumen", sagte der Wolf. „Darüber freut sie sich bestimmt." Inzwischen aber klopfte er schnell bei der Großmutter. Aber nicht das Rotkäppchen stand vor der Tür. Nein, es war der Wolf, der sie mit einem einzigen Happs verschlang. Dann legte er sich in ihr Bett und zog sich die Nachthaube tief ins Gesicht.

Als Rotkäppchen zum Haus der Großmutter kam und an ihr Bett trat, erschrak es, weil sie so anders aussah als sonst. „Großmutter, warum hast du so große Ohren?", fragte es.

„Damit ich dich besser hören kann", antwortete der Wolf.

„Und warum hast du so große Augen?", fragte das Rotkäppchen.

„Damit ich dich besser sehen kann."

„Und warum hast du denn so ein entsetzlich großes Maul?"

„Damit ich dich besser fressen kann!" Mit einem Satz sprang der Wolf aus dem Bett und verschlang auch das Rotkäppchen. Dann fing er laut zu schnarchen an, so satt war er.

Gerade kam der Jäger vorbei. „Merkwürdig, wie laut die alte Großmutter schnarcht", murmelte er. „Da muss ich nachsehen." Im Bett der Großmutter fand er den Wolf. Dem schnitt er den Bauch auf. Da sprang das Rotkäppchen mitsamt der Großmutter heraus!

War das eine Freude! Schnell stopften sie dem Bösewicht schwere Steine in den Bauch und nähten ihn wieder zu. Als der Wolf aufwachte und es bei ihm im Leib rumpelte, fiel er vor Schreck tot um.

Was weißt du über Wölfe?

25. Oktober

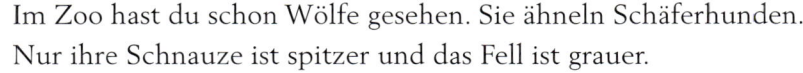

Im Zoo hast du schon Wölfe gesehen. Sie ähneln Schäferhunden. Nur ihre Schnauze ist spitzer und das Fell ist grauer.

Wölfe leben nur ganz selten allein. Meistens sind sie in größerer Anzahl unterwegs. Das erleichtert ihnen das Jagen. Die Menschen sagen dem Wolf nach, dass er tückisch, gefräßig und gefährlich sei. Daher haben sie ihn in Deutschland schon vor vielen Jahren ausgerottet. Erst in letzter Zeit wandern Wölfe wieder vereinzelt über die polnische Grenze nach Deutschland ein.

Gewusst wie: Geistermaske für Halloween

26. Oktober

Du brauchst:
1 größere, eckige weiße Tragetüte aus Papier, (Keine Plastiktüte),
1 dicken schwarzen Filzstift, Schere

So geht's: Auf die Papiertüte zeichnest du große Augen, eine Nase und einen breiten, grinsenden Mund. Die Öffnungen umrandest du mit dickem schwarzem Filzstift und schneidest sie aus. Dann hängst du dir ein weißes Tuch um, ziehst dir die Papiertüte über den Kopf – und schon ist das Halloween-Gespenst fertig.

27. Oktober

Singspiel der fleißigen Handwerker

Wer will die fleißigen Handwerker sehen,
der muss zu uns Kindern gehen.
Stein auf Stein, Stein auf Stein,
das Haus das wird bald fertig sein.

Wer will die fleißigen Handwerker sehen,
der muss zu uns Kindern gehen.
O wie fein, o wie fein,
der Glaser setzt die Scheiben ein.

Wer will die fleißigen Handwerker sehen,
der muss zu uns Kindern gehen.
Zisch, zisch, zisch, zisch, zisch, zisch,
der Schreiner hobelt ab den Tisch.

Ein Halloween-Gedicht zum Auswendiglernen

Ich wollt, ich wär eine Fledermaus,   **28. Oktober**
eine ganz verluschte, verlauste.
Dann hing ich mich früh in ein Warenhaus
und flederte nachts und mauste,
dass es Herrn Silberstein grauste,
denn Meterflaus, Fliedermus, Fledermaus –
es geht nicht mehr; mein Verstand läuft aus!

Joachim Ringelnatz

Woher kommt eigentlich Halloween?

Halloween ist ein uraltes Fest. Die Kelten, die vor vielen hundert   **29. Oktober**
Jahren dort wohnten, wo wir heute leben, waren überzeugt
davon, dass in der Nacht vom 31. Oktober auf den 1. November
der Herr des Todes die bösen Seelen zu sich rief und sie dazu ver-
dammte, Tiergestalt anzunehmen. Später dachte man, dass in
dieser Nacht Kobolde, Hexen und Dämonen ihr Unwesen
trieben. Irgendwann fing man damit an, sich in dieser Nacht zu
verkleiden und andere zu erschrecken. In Irland höhlte man große
Kartoffeln und Rüben aus, versah sie mit unheimlichen
Gesichtern und brachte sie mit einer Kerze im Innern zum
Leuchten. Als viele Iren nach Amerika auswanderten, nahmen sie
diesen Brauch mit. Weil es in Amerika mehr Kürbisse als Kartoffeln und Rüben gab, wurden Kürbisse ausgehöhlt und mit Geis-
tergesichtern versehen. Dieser Brauch kam später von Amerika
wieder nach Europa zurück.

ABC im Oktober

30. Oktober

Zeichne wieder drei Begriffe, die mit T, U und V anfangen und schreibe die Buchstaben dazu. Wie wäre es mit Tiger, Uhu und Vogel?

Teufel kratzt mit Teufelsfuss:
Unke unkt mit Unkengruss.
Vielfrass frisst sich voll und schmatzt.
Könnte sein, dass er gleich platzt.

Regina Schwarz

Reformationsfest

31. Oktober

Der Reformationstag ist ein Gedenktag der evangelischen Kirche. Vor ca. 500 Jahren gab es in der christlichen Kirche ziemlich viele Geistliche, die nicht besonders fromm waren. Sie versprachen den Leuten, dass ihre Sünden getilgt würden, wenn sie nur viel Geld an die Kirche zahlen würden. Leider verwendeten sie dieses Geld nicht für Arme und Kranke, sondern für eigenes gutes Essen und Trinken. Den Mönch Martin Luther störte das dermaßen, dass er auf einem großen Blatt mit 95 Leitsätzen seinem Zorn Luft machte. Diese 95 Thesen, wie man sie nennt, schlug er am 31. Oktober 1517 an die Tür der Schlosskirche zu Wittenberg. Darüber ärgerten sich viele Würdenträger so, dass sie Martin Luther aus der Kirche ausschlossen. Viele Gläubige hielten aber zu ihm, und so entstanden dann die evangelisch-lutherische und die reformierte Kirche.

November

Was ist im November alles los?

1. November

An vier Tagen im November gedenken wir der Toten: an Allerheiligen, Allerseelen, am Totensonntag und Volkstrauertag.

Am 1. November ist Allerheiligen und am 2. November Allerseelen. Allerheiligen ist der Tag, an dem die katholische Kirche sich der frommen Menschen erinnert, die für ihren Glauben gestorben sind und dafür heiliggesprochen wurden. An Allerseelen und dem Totensonntag denken wir an Familienangehörige und Freunde, die nicht mehr leben. An diesen Tagen gehen viele Leute auf die Friedhöfe und schmücken die Gräber mit Herbstblumen und Kerzen.

Auch der Sankt-Martinstag wird im November gefeiert. Davon erfährst du am 11. November mehr. Der November riecht schon ein bisschen nach Weihnachten, denn manchmal fällt auf einen der letzten Tage dieses Monats schon der 1. Advent.

Wie man sich die Zeit vertreiben kann

2. November

Kegeln, Seifenblasen machen,
springen mit papiernen Drachen,
Fahrrad fahren, Schlittschuh laufen,
Häuser bauen, Waren kaufen,
Blindekuh, Indianer spielen,
mit dem Pfeil auf Scheiben zielen,
Reifen schlagen, Pferde reiten,
Bälle werfen, Puppen kleiden,
fangen, suchen und verstecken,
laufen in verborgene Ecken,
Ringe suchen, Kirschkernreiben
kann dir gut die Zeit vertreiben.

Ein Spiel für graue Regentage

So geht's: Ein Kind wird ausgezählt. Es muss sich ein Tier ausdenken und die anderen Kinder müssen raten, welches Tier das
ist. Zwei Minuten lang dürfen sie Fragen stellen. Du denkst dir
zum Beispiel einen Hamster aus. Die Fragen deiner Freunde könnten sein: Ist es ein Tier mit Federn? Hat dieses Tier ein Fell? Hat
es vier Beine? Kann es schwimmen?
Wer das Tier zuerst rät, darf sich als Nächster eines ausdenken.

3. November

Du brauchst:
mind. 2 Mitspieler

Auszählreime braucht man immer

Will der Schmied das Pferd beschlagen,
wie viele Nägel muss er haben?
(Das Kind, auf das das Wort „haben" fällt, sagt irgendeine Zahl,
und dann wird bis zu dieser Zahl gezählt.)
Eins, zwei, drei …

4. November

5. November

Ein Herbstlied

Der Herbst ist ein Geselle,
fährt einem um den Kopf,
wirft alles drüber und drunter
und zaust die Bäum' am Schopf.

Wirft, wie er zieht, uns Gaben
mit vollen Händen zu.
Füllt Scheuer, Haus und Keller
zur langen Winterruh!

Der Herbst ist ein Geselle,
so wild, voll Übermut,
doch auch ein netter Bursche,
drum bin ich ihm recht gut.

Rätseltag

6. November

Ein Bauer geht in seinen Stall. Da sitzt in jeder Ecke eine Katze. Jede Katze hat drei Junge und obendrein eine Maus im Maul. Wie viele Füße sind im Stall?

Nur die zwei Füße vom Bauern zählen, denn Mäuse und Katzen haben Pfoten.

Geburtstagsgedicht für alle Novemberkinder

7. November

Heute will ich fröhlich sein,
wirklich guter Dinge,
und auch du,
mein kleiner Hund,
tanz mit mir und springe.

Also, hört es jetzt von mir,
hört es, liebe Leute,
denn Geburtstag feiern wir –
meinen eigenen heute.

Darum will ich fröhlich sein,
heißa, guter Dinge!
Und du auch,
mein kleiner Hund,
tanz mit mir und springe!

Gewusst wie: Wir basteln eine Laterne

8. November

Du brauchst:
1 großes Marmeladenglas, buntes Krepp- oder Transparentpapier, Stifte, Schere, Klebstoff, Draht, Kerzen, Laternenstab

So geht's: Du zerreißt oder schneidest buntes Papier in kleine Stücke, die unterschiedliche Formen haben können. Mit Klebstoff werden die Schnipsel übereinander oder nebeneinander außen auf das Marmeladenglas geklebt. Stelle jetzt noch eine Kerze in das Glas und klebe sie mit Wachs fest. Um die Laterne tragen zu können, müssen dir deine Eltern einen Draht fest um den Hals des Glases schlingen. Daran wird ein weiterer Draht befestigt, an dem du deinen Laternenstab einhaken kannst.

9. November

Ich geh mit meiner Laterne

Text u. Melodie:
aus Norddeutschland

Ich geh mit meiner Laterne und
Dort o - ben leuch - ten die Ster - ne, und

mei - ne La - ter - ne mit mir. Mein Licht ist aus, ich
un - ten leuch - ten wir.

geh nach Haus, ra - bim - mel - ra - bam - mel - ra - bumm.

Wer war der heilige Martin?

10. November

Den heiligen Martin gab es wirklich. Er lebte von 316 bis 397 nach Christus. Als junger Mann bekannte er sich zum Christentum und wurde in späteren Jahren zum Bischof von Tours gewählt, einer Stadt in Frankreich. Von ihm wird erzählt, dass er eines Tages im Winter, als es fürchterlich stürmte und schneite, auf seinem Pferd über den Marktplatz der Stadt Amiens in Frankreich ritt. Plötzlich bemerkte er einen Bettler, der in einer Ecke lag und fror. Da hat der heilige Martin seinen warmen Umhang mit dem Schwert in zwei Teile zerschnitten und einen Teil dem Bettler gegeben. Fast 30 Jahre lang kümmerte er sich als Bischof um Arme und Kranke. Obwohl er nicht arm war, lebte er in einer Hütte vor der Stadt ein ganz bescheidenes Leben, ohne Prunk und Herrschsucht.

Zu Ehren von Sankt Martin ziehen am 11. November viele Kinder mit ihren Laternen durch die Straßen. Manchmal reitet auch ein als heiliger Martin verkleideter Mann voraus.

11. November

Lied zum Sankt Martinstag

Sankt Martin, Sankt Martin,
Sankt Martin ritt durch Schnee und Wind,
sein Ross, das trug ihn fort geschwind.
Sankt Martin ritt mit leichtem Mut,
sein Mantel deckt ihn warm und gut.

Im Schnee saß, im Schnee saß,
im Schnee da saß ein armer Mann,
hat Kleider nicht, nur Lumpen an.
„Oh helft mir doch in meiner Not,
sonst ist der bittre Frost mein Tod!"

Sankt Martin, Sankt Martin,
Sankt Martin zog die Zügel an,
das Ross stand still beim armen Mann.
Sankt Martin mit dem Schwerte teilt
den warmen Mantel unverweilt.

Sankt Martin, Sankt Martin,
Sankt Martin gab den halben still,
der Bettler rasch ihm danken will.
Sankt Martin aber ritt in Eil
hinweg mit seinem Mantelteil.

Martinsgans und Faschingsbeginn

12. November

Am Martinstag verzehren viele Leute eine Martinsgans. Angeblich haben Gänse einmal den heiligen Martin bei einer Predigt gestört. Eine andere Geschichte erzählt, dass er sich in einem Gänsestall versteckt hielt, die Gänse ihn aber durch lautes Geschnatter verrieten. Zur Strafe wurden sie dann geschlachtet.
Am 11.11. um 11 Uhr 11 ist auch Faschingsbeginn. Da versammeln sich die Narren und feiern den Beginn der Faschingszeit.

Geschichte von Anna und dem November-Garten

Gestern noch hingen die Blätter an den Bäumen. Der Ahorn und die Lärche leuchteten golden, die Blutbuche war dunkelrot und die Blätter der Eiche braun.

Heute aber kommt der Herbststurm und fegt durch den Garten. Er zerrt an den Zweigen und reißt die Blätter von den Bäumen. Dann wirbelt er sie durch die Luft und lässt sie tanzen. Auf und ab geht es. Annas Katze Grauchen versucht die Blätter zu fangen. Wenn es nur nicht so viele wären! Bald ist Grauchen fix und fertig.

Endlich hört der Wind auf zu blasen. Ein Blatt nach dem andern landet auf der Erde. „Anna", sagt Papa, „wir müssen in den Garten und die Blätter zusammenrechen."

„Klar", sagt Anna.

Obwohl Grauchen müde ist, will sie auch mithelfen. „Grauchen!", ruft Anna nach einer Weile empört. „Du hilfst überhaupt nicht. Immerzu springst du durch die Blätterhaufen, die Papa und ich in die großen Säcke stopfen wollen. Geh weg! Du störst!"

Aber Grauchen stört lieber. Da packt sie Anna und trägt sie ins Haus. jetzt sitzt Grauchen hinter der Fensterscheibe imKinderzimmer und maunzt. Umsonst. Weder Anna noch Papa hören sie.

Scherzfragen

Welcher Wurm sieht aus wie ein Mensch?

Der Bücherwurm

Was macht ein Schornsteinfeger in der Sonne?

Er macht einen Schatten.

Witztag

Die kleine Tanja kommt mit ihrem Dackel zum Uhrmacher.

„Bitte", sagt sie, „könnten Sie meinen Dackel reparieren?"

„Ich?", fragt der Uhrmacher.

„Ja", sagt Tanja, „er bleibt nämlich alle fünf Minuten stehen."

Warum gibt es einen Volkstrauertag?

16. November

Am vorletzten Sonntag vor dem 1. Advent ist Volkstrauertag. In beiden Weltkriegen, die Deutschland geführt hat, wurden viele Millionen Menschen getötet, verletzt oder in den Tod getrieben. Allein im Zweiten Weltkrieg kamen 55 Millionen Menschen in vielen Ländern ums Leben.

An all diese Toten denken wir am Volkstrauertag und hoffen, dass von unserem Land nie mehr Kriege ausgehen werden.

Gewusst wie: Handpuppe aus Papptellern

17. November

**Du brauchst:
2 Pappteller, Filzstifte,
Wolle, Krepppapier,
Klebeband, Schere**

So geht's: Klebe zwei Pappteller so an den Rändern zusammen, dass du deine Hand noch zwischen die beiden Teller stecken kannst. Bemale dann die Teller als Gesicht von Katze, Hund, Kind, Löwe – oder auch schon vom Nikolaus. Wenn du der Hand-puppe noch ein Kleid anziehen willst, klebst du Krepppapier um den offen gelassenen Rand der beiden Teller, und zwar so, dass du mit deiner Hand noch durchfassen kannst.

Quiztag – finde die richtige Antwort

18. November

Mit was sind viele Betten gefüllt?

– Mit Rosshaaren

– Mit Stroh

– Mit Gänsefedern

Die feinen Gänsefedern werden oft als Füllmittel für Zudecken verwendet.

Warum haben Gänse einen so langen Hals?

– Damit sie besser sehen können.

– Damit sie sich gegenseitig besser zwicken können.

– Damit sie tiefer ins Wasser hineintauchen können.

Die Gänse weiden die Pflanzen am Grund der Gewässer ab. Dazu brauchen sie einen langen Hals.

19. November

Die November-Geschichte vom Bauernhof

Die Gänse auf dem Hof haben keine Namen. Nur der Gänserich heißt Otto. Er ist stolz auf seinen Namen. Das merkt man daran, dass er den ganzen Tag herumläuft und laut schnattert.

Die Gänse dagegen spazieren am liebsten auf die Wiese hinter dem Haus und fressen Gras. Manchmal hüpfen sie auch in den kleinen Bach daneben.

Papa sagt, Gänse sind wachsamer als Hunde. Sie schreien laut, wenn sich jemand dem Hof nähert. Manchmal ist Otto aber nicht nur wachsam, sondern auch boshaft. Dann wird sein Hals lang und er zischt die Leute an, die friedlich des Weges kommen. Manchmal zwickt er sie sogar in die Wade. Bei Mama und Papa, Susi und Paul traut er sich das nicht. Er weiß, dass die ihn dann am Hals nehmen und schütteln.

Susi hat an ihrem Geburtstag ein paar Kinder aus ihrer Klasse eingeladen. Zuerst hat sie ihnen Butterblume, das Kalb, gezeigt, das Pferd Dicke, das Ferkel Rosa und Pippo, den Esel. Auf Pippo dürfen sich nacheinander alle Kinder setzen und seine warmen, weichen Ohren anfassen. Weil es ein bisschen dauert, bis es Kakao und Kuchen gibt, spielen die Kinder noch im Hof. Bis Kerstin ein Geräusch hört. „Was war denn das?", fragt sie Susi. „Es hat gezischt."

„Oje!" Susi dreht sich um. Sie sieht den Gänserich Otto mit weit vorgestrecktem Hals ankommen.

„Nein, Otto!", ruft Susi. Aber es ist schon zu spät. Otto hat bereits in Hannos Wade gezwickt.

Alle Geburtstagsgäste rennen schreiend davon. Sie schreien so laut, dass Otto Angst bekommt und wild mit den Flügeln schlagend davonflattert. Paul sperrt ihn in seinen Stall. Da muss er den Nachmittag über bleiben.

Und Hanno? Zum Trost bekommt er ein extragroßes Stück Kuchen. Aber eigentlich ist er stolz darauf, dass Otto gerade ihn gezwickt hat.

Warum gibt es einen internationalen Tag des Kindes?

20. November

Der Weltkindertag soll uns daran erinnern, dass es nicht allen Kindern auf der Welt gut geht. Es gibt mehr Kinder, die arm sind, als solche, die alles haben, was sie brauchen.

Viele Kinder müssen hart arbeiten, um Geld zu verdienen. Oft zwölf Stunden am Tag und mehr, denn was die Eltern bekommen, reicht nicht für eine große Familie. Sie müssen Teppiche knüpfen, auf dem Feld arbeiten, ihre kleinen Geschwister betreuen. Und wenn sie überhaupt in die Schule gehen dürfen, müssen sie oft weite Wege dorthin zurücklegen.

Auch durch Unterschiede in der Hautfarbe haben Kinder viele Probleme. Denk darüber nach, ob du zusammen mit deinen Eltern auch etwas gegen Rassismus und Armut tun kannst.

Zungenbrecher zum Üben

21. November

Grete kaut kräftig Kraut,
kräftig Kraut kaut Grete.

Rätsel-Reime

22. November

Wer ist der Mann, der näht die Kleider?
Mein liebes Kind, es ist der ...
Schneider

Vom Himmel fällt's und tut nicht weh?
Ist weiß und kalt. Es ist der ...
Schnee

Was sitzt am Kopf und kleidet gut?
Errat' es schnell! Es ist der ...
Hut

Das Märchen vom Dornröschen

Es war einmal ein König und eine Königin. Die waren so glücklich, als sie ein Kind bekamen, dass sie ein Fest feiern wollten. Dazu luden sie zwölf Feen ein. Die dreizehnte Fee, die auch im Land wohnte, konnten sie aber nicht mehr einladen, weil sie nur zwölf goldene Teller hatten.

Die zwölf Feen wünschten dem Kind Schönheit und Klugheit – alles, was man sich eben so wünscht. Aber als die elfte Fee gerade gesprochen hatte, kam zornig die dreizehnte Fee angerannt. „Weil Ihr mich nicht eingeladen habt", schrie sie, „wird sich Eure Tochter mit fünfzehn Jahren an einer Spindel stechen und tot umfallen!"

Zum Glück hatte die zwölfte Fee dem Kind noch nichts gewünscht. „Sie wird nur schlafen", versprach sie, „und nach hundert Jahren wieder aufwachen."

Aber auch das gefiel dem König gar nicht. Darum durfte niemand mehr im Land Wolle spinnen. Doch als die Königstochter fünfzehn Jahre alt wurde und allein im Park spazieren ging, traf sie eine alte Frau mit einer Spindel. „Das möchte ich schon längst gern probieren", sagte die Königstochter. Doch kaum hatte sie die Spindel angerührt, stach sie sich und fiel, zusammen mit allen andern im Schloss, in einen tiefen Schlaf. Viele Jahre vergingen. Dornenhecken wuchsen über das Schloss. Immer wieder wollten tapfere Königssöhne die Prinzessin aus dem tiefen Schlaf befreien. Aber alle blieben sie in den Dornen hängen.

Nach hundert Jahren aber kam ein junger Prinz des Weges. „Die stachelige Hecke macht mir nichts aus!", rief er. Und siehe da! Aus den Dornen wurden Blumen, durch die der Prinz ganz einfach bis zum Schloss gehen konnte. Dort fand er die Prinzessin. Die war so wunderschön, dass er sie einfach küssen musste. Davon wachte sie auf. Und mit ihr alle im Schloss. Das Feuer flackerte wieder im Herd und die Pferde wieherten. Das war eine Freude. Und darum wurde sofort Hochzeit gefeiert!

24. November

Lied vom Dornröschen

Dornröschen war ein schönes Kind,
schönes Kind, schönes Kind,
Dornröschen war ein schönes Kind,
schönes Kind.

Dornröschen, nimm dich ja in Acht,
ja in Acht, ja in Acht,
Dornröschen nimm dich ja in Acht
vor einer bösen Fee.

Da kam die böse Fee herein,
Fee herein, Fee herein,
da kam die böse Fee herein
und rief ihr zu:

„Dornröschen, schlafe hundert Jahr,
hundert Jahr, hundert Jahr,
Dornröschen, schlafe hundert Jahr,
und alle andern mit!"

Und eine Hecke riesengroß,
riesengroß, riesengroß,
und eine Hecke riesengroß
umgab das ganze Schloss.

Da kam ein junger Königssohn,
Königssohn, Königssohn,
da kam ein junger Königssohn
und sprach zu ihr:

„Dornröschen, hübsches Mädchen fein,
Mädchen fein, Mädchen fein,
Dornröschen, hübsches Mädchen fein,
wache wieder auf!"

Sie feierten ein großes Fest,
großes Fest, großes Fest,
sie feierten ein großes Fest –
das Hochzeitsfest!

Das Spiel „Ich sehe was, was du nicht siehst"

25. November

Du brauchst:
mind. 1 Mitspieler

So geht's: Ein Kind sucht mit den Augen einen Gegenstand, von dem es hofft, dass ihn der andere Mitspieler nicht zu schnell entdeckt. Es sagt z. B.: „Ich sehe was, was du nicht siehst, und das ist blau." Sein Mitspieler nennt alle blauen Gegenstände, die er entdeckt. Findet er den richtigen Gegenstand nicht innerhalb von zwei Minuten, muss er einen neuen Gegenstand raten.

Gewusst wie: Adventskalender für Papa und Mama

So geht's: Die Streichholzschachteln beklebst du mit Buntpapier. Danach klebst du die 24 geschmückten Streichholzschachteln waagerecht auf das rote Band. Jetzt fehlen nur noch 24 kleine Sachen, die du als Überraschung in die Schachteln stecken kannst.

26. November

Du brauchst:
24 Streichholzschachteln, Buntpapier, Kleber, 1 langes rotes Schmuckband, etwa dreimal so breit wie dein Daumen

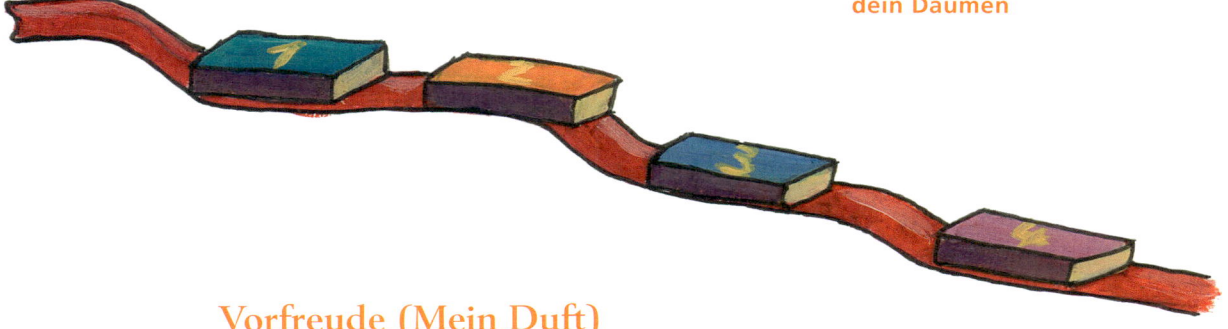

Vorfreude (Mein Duft)

Da ist der Duft
von Nelken und Zimt,
der dir ein bisschen
die Ungeduld nimmt.
Es sagen Märchen „Gute Nacht",
die Hexen haben ausgelacht.
Das Geheimnis,
das eins bleiben will,
verschließt sich in dir
und hält ganz still.
Ja, selbst die Zeit hat viel Zeit.
Bis etwas dir sagt:
Es ist so weit.

Regina Schwarz

27. November

Gewusst wie: Bratäpfel backen

28. November

Du brauchst:
1 großen Apfel
pro Person,
5 El Müsli mit Nüssen,
2 El weiche Butter,
3 El brauner Zucker

So geht's: Äpfel waschen und abtrocknen. Das Kerngehäuse entfernen. Dann das Müsli mit der Butter und dem braunen Zucker mischen. Anschließend stellst du die Äpfel in eine feuerfeste Form und füllst die Löcher mit der Müsli-Mischung. Die restliche Butter und den Zucker gibst du oben auf die Äpfel. Bei 175 bis 200 Grad eine halbe Stunde im Ofen backen. Dazu schmeckt Vanillesoße oder geschlagene Sahne.

Gewusst wie: Adventskranz winden

29. November

Du brauchst:
frische Tannenzweige,
Draht- oder Strohring,
Bindedraht,
Gartenschere, Deko

So geht's: Schneide zuerst von den Tannenzweigen alle Spitzen ab. Diese werden schuppenartig auf den Stroh- oder Drahtring gelegt und Reihe für Reihe mit Blumendraht umwickelt. Dabei solltest du darauf achten, dass der Draht von den nächsten Zweigen abgedeckt ist. Wenn der Kranz fertig ist, wird er mit Kerzen und anderer Deko (wie Zapfen, Äpfeln, Nüssen usw.) geschmückt.

ABC im November

30. November

Heute sind die Buchstaben nicht so einfach. Mit W findest du bestimmt ein Wort, aber mit X und Y wird es schon schwieriger. Wie wäre es mit Xylofon und Yeti?

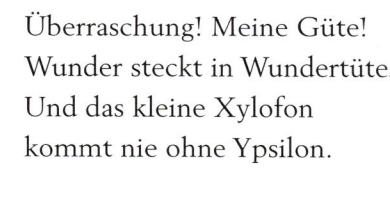

Überraschung! Meine Güte!
Wunder steckt in Wundertüte.
Und das kleine Xylofon
kommt nie ohne Ypsilon.

Regina Schwarz

Dezember

Was ist im Dezember alles los?

1. Dezember

Im Dezember feiern wir Weihnachten und an Silvester geht das alte Jahr zu Ende. Mindestens drei Adventssonntage gibt es im Dezember und der Nikolaus kommt zu Besuch. Manchmal bringt er schon Schnee und Eis mit. Das ist auch gut so, denn schließlich fängt der Winter am 21. Dezember an.

Im Dezember muss man sich meistens beeilen, dass die Weihnachtsgeschenke rechtzeitig fertig werden. Auch der Wunschzettel braucht seine Zeit.

Gewusst wie: Nikoläuse aus Lebkuchenteig

2. Dezember

Du brauchst:
1 kg Mehl, 1 Päckchen Backpulver,
500 g Honig,
200 g Zucker, 2 Eier,
2 Tl Zimt,
1 gestrichenen Tl gemahlene Nelken
oder 2 Päckchen Lebkuchengewürz,
Ausstechförmchen

So geht's: In den erwärmten Honig gibst du Zucker und Gewürze. Wenn der Honig abgekühlt ist, rührst du die Eier und das mit Backpulver vermischte Mehl dazu. Dann knetest du den Teig, bis er glänzt. Der Teig muss fest sein; falls er zu weich ist, musst du noch Mehl zugeben.

Rolle nun den Teig aus, dann kannst du anfangen, Nikoläuse oder andere Figuren auszustechen. Backe die Lebkuchen bei 170 Grad 20 Minuten. Wenn sie abgekühlt sind, kannst du sie mit weißem oder farbigem Zuckerguss verzieren.

Nikolausgedicht

3. Dezember

Von draußen vom Walde komm ich her:
Ich muss euch sagen, es weihnachtet sehr!
Allüberall auf den Tannenspitzen
sah ich goldene Lichtlein sitzen;
und droben am Himmelstor
sah mit großen Augen das Christkind hervor.

Theodor Storm

Wer war der heilige Nikolaus?

Um das Leben des heiligen Nikolaus, der vor 700 Jahren gelebt hat, ranken sich viele Legenden und Geschichten.

4. Dezember

Es wird erzählt, dass Nikolaus ein frommer Mönch war, der während der Christenverfolgung gefangen genommen wurde. Er konnte sich aber befreien und wurde später zum Bischof geweiht. Schon zu seinen Lebzeiten verehrten ihn viele Menschen, weil er Armen und Kranken half und sich für unschuldig zum Tode Verurteilte einsetzte. Es wird auch erzählt, dass er bei einem Sturm das Meer besänftigt hat, sodass ein Schiff, das in Seenot war, noch den schützenden Hafen erreichen konnte. Daher ist der heilige Nikolaus der Schutzheilige aller Reisenden, aber auch aller Kinder und alter Menschen.

5. Dezember

Lied zum Nikolausfest

*Text u. Melodie:
Joseph Annegarn*

1. Lasst uns froh_ und_ mun-ter sein, und uns in__ dem Herrn er - freun. Lus-tig, lus-tig, tra-le-ra-le-ra, bald ist Ni-ko-laus-a-bend da, bald ist Ni-ko-laus - a-bend da!

Dann stell ich den Teller raus,
Niklaus legt gewiss was drauf.

Wenn ich aufgestanden bin,
lauf ich schnell zum Teller hin.

Wenn ich schlaf, dann träume ich:
Jetzt bringt Niklaus was für mich.

Niklaus ist ein guter Mann,
dem man nicht g'nug danken kann.

6. Dezember

Eine Nikolausgeschichte

Wir sitzen beim Abendessen, als es laut an der Balkontür klopft. Papa fällt der Löffel in die Suppe. Mama verschluckt sich vor Schreck. Mir ist es nur ein bisschen unheimlich. Ich heiße Tobias und gehe schon in die erste Klasse.

Nur Trixi erschrickt nicht. Aber sie ist auch noch ziemlich klein. Sie ist gerade mal vier Jahre alt.

Papa macht die Balkontür auf. Und wer kommt herein? Der Nikolaus! Mit Mantel, Stock und Mütze. Weil es aber draußen so kalt ist und drinnen so warm, ist seine Brille beschlagen. Vielleicht stolpert er deshalb auf der Schwelle. Fast fällt er hin und verliert dabei seine Mütze.

Der Arme hat gar keine Haare auf dem Kopf! Darum setzt er seine Mütze auch schnell wieder auf.

„Wart ihr brav?", fragt der Nikolaus mit tiefer Stimme.

Ich nicke, doch Trixi schüttelt den Kopf. „Papa und Mama waren manchmal gar nicht nett", beschwert sie sich.

Da lacht der Nikolaus: „Darum habe ich auch nur dir und Tobias etwas mitgebracht."

Zum Abschied singen Trixi und ich dem Nikolaus ein Lied. Dann geht er wieder. Trixi sagt: „Vorhin, ohne Mütze, hat der Nikolaus oben am Kopf wie Onkel Peter ausgesehen."

So ein Quatsch! Na ja, Trixi ist ja auch gerade mal vier Jahre alt.

Gewusst wie: Wir basteln einen Weihnachtsteller

7. Dezember

Du brauchst:
Pappteller,
Plakafarben, Lack

So geht's: Mit Plakafarbe bemalst du die Teller so, wie du sie am schönsten findest – mit Weihnachtsmann, Weihnachtsbaum oder etwas anderem. Damit die Teller länger halten, kannst du sie mit Lack bestreichen.

Witztag

„Ist der Eisbär eigentlich immer weiß?", fragt Ella ihren Bruder.
„Klar", antwortet er. „Wenn er rot wäre, hieße er doch Himbär."

Pauli ist schrecklich faul. Zu faul zum Helfen, zu faul zum Hausaufgabenmachen, zu faul zum Tischdecken.
Papa ist wütend: „Zu was hast du eigentlich zwei Arme?"
„Zum Arbeiten", antwortet Pauli. „Und meine zwei Beine habe ich, damit ich vor der Arbeit davonlaufen kann."

8. Dezember

Gewusst wie: Wir drucken Weihnachtskarten

So geht's: Male eine Glocke, einen Tannenbaum, eine Kerze oder einen Schneemann auf ein Stück Papier und schneide den Gegenstand aus. Dann teilst du die Kartoffel in der Mitte, legst das ausgeschnittene Motiv auf die Schnittfläche und lässt dir von einem Erwachsenen die Umrisse in die Kartoffel ritzen. Anschließend bestreichst du den Kartoffelstempel mit Farbe und machst erst einmal einen Probedruck. Wird der Druck so, wie du es dir vorstellst, kannst du beginnen.

9. Dezember

Du brauchst:
1 Kartoffel, 1 Messer,
Plakafarben,
weiße oder bunte
Briefkarten

Auszählreim

Eins, zwei, drei, vier, fünf, sechs, sieben,
Sauerkraut und Rüben
haben mich vertrieben.
Hätt' die Mutter Brei gekocht,
dann wäre ich geblieben.
Süßen, dicken Brei,
und du bist frei.

10. Dezember

Das Spiel von Jakob und Jakobinchen

11. Dezember

So geht's: Zwei Kinder werden ausgezählt, die im Spiel Jakob und Jakobinchen genannt werden. Ihnen werden die Augen verbunden. Jakobinchen ruft nun: „Jakob, wo bist du?" „Hier!", ruft nun Jakob, schleicht aber gleich weiter, damit Jakobinchen ihn nicht finden und erwischen kann. Jetzt ruft Jakob: „Jakobinchen, wo bist du?" So geht es immer weiter, bis einer gefangen ist. Dann werden zwei andere Kinder ausgezählt.

Adventsgedicht

12. Dezember

Es treibt der Wind im Winterwalde
die Flockenherde wie ein Hirt,
und manche Tanne ahnt, wie balde
sie fromm und lichterheilig wird;
und lauscht hinaus. Den weißen Wegen
streckt sie die Zweige hin – bereit,
und wehrt dem Wind und wächst entgegen
der einen Nacht der Herrlichkeit.

Rainer Maria Rilke

Weihnachtszungenbrecher

13. Dezember

Gleich klingen kleine glitzernde Klitzerglocken.
Kleine glitzernde Klitzerglocken klingen gleich.

Gewusst wie: Wir basteln Weihnachtssterne

14. Dezember

**Du brauchst:
Metallfolie in Gold
oder Silber,
Stricknadel,
Schere, Papier,
Faden**

So geht's: Pause einen schönen Stern aus einem Buch auf ein Stück Papier und schneide ihn aus. Diesen Stern legst du auf die Folie (am besten anstecken, damit er nicht wegrutschen kann). Dann nimmst du eine Stricknadel und fährst die Linie des Sterns nach. Diese Linie drückt sich nun auf die Metallfolie. Jetzt brauchst du nur noch den Stern auszuschneiden, in eine der Zacken ein Loch zu machen und einen Faden durchzuziehen, damit man den Stern daran aufhängen kann. Mit der Nadel kannst du noch Muster in den Stern machen.

15. Dezember

Ein Traum von Weihnachten

Ich lag und schlief, da träumte mir
ein wunderschöner Traum:
Es stand auf unserem Tisch vor mir
ein hoher Weihnachtsbaum.
Und bunte Lichter ohne Zahl,
die brannten ringsumher,
die Zweige waren allzumal
von goldnen Äpfeln schwer.

Und Zuckerpüppchen hingen dran.
Das war mal eine Pracht.
Da gab's, was ich nur wünschen kann
und was mir Freude macht.
Und als ich nach dem Baume sah
und ganz verwundert stand,
nach einem Apfel griff ich da,
und alles, alles, schwand.

Da war es fast, als rief er mir:
„Du brauchst nur artig sein.
Dann steh ich wiederum vor dir –
jetzt aber schlaf nur ein."

Und wenn du folgst und artig bist,
dann ist erfüllt dein Traum.
Dann bringt dir bald der heilige Christ
den schönsten Weihnachtsbaum.

August Heinrich
Hoffmann von Fallersleben

Quiztag – finde die richtige Antwort

Aus welchem Material werden echte Bienenwachskerzen
gemacht?
– Aus Bienenhonig
– Aus Blütenpollen
– Aus Bienenwaben

16. Dezember

Echte Bienenwachskerzen werden aus Bienenwaben gemacht.

Was weißt du über Mistelzweige?

17. Dezember So schön die Mistel ist, ist sie doch ein Schmarotzer. Sie wächst auf den Ästen fremder Bäume und ernährt sich von deren Saft. Dennoch werden der Mistel besondere Heilkräfte zugesprochen. Schon die Kelten glaubten daran und hängten sie über ihre Eingangstüren, als Zeichen für Frieden und Versöhnung. Kein Fremder, der unter der Mistel hindurchgegangen war, brauchte Angst zu haben, dass man ihm etwas Böses antat. Er wurde wie ein Freund aufgenommen. Und weil Weihnachten das Fest des Friedens ist, hat sich dieser Brauch auch bei uns gehalten.

18. Dezember

Geschichte von Anna und dem Teich im Winter

Es ist kalt geworden. Weiße Schneeflocken schweben vom Himmel herunter. Auch der Teich im Garten ist fast zugefroren. Unter seiner eisigen Decke sieht man die goldenen Fische. Aber sie bewegen sich nicht. Ganz ruhig stehen sie unter dem Eis.
„Papa" fragt Anna. „Was machen die Fische jetzt? Frieren sie?"
„Sie schlafen", antwortet Papa. „Unter dem Eis."
„Dann schlaft gut!", ruft Anna in den Garten hinaus. „Im Frühjahr treffen wir uns wieder."

Wie leben die Fische im Winter?

19. Dezember Wenn die Tümpel und Seen im Winter gefroren sind, halten die meisten Fische eine Art Winterschlaf. Sie bewegen sich kaum, halten sich am Boden der Gewässer auf oder wühlen sich in den Schlamm. Dort ist es wärmer als weiter oben. Die Körpertemperatur der Fische passt sich der Temperatur des Wassers an. Im Frühjahr, wenn das Wasser durch die Sonneneinstrahlung wieder wärmer wird, fangen die Fische zu fressen an und schwimmen schneller.

Gewusst wie: Kerze aus Bienenwachs

So geht's: Schneide zuerst den Docht, so dass er ein paar Zentimeter länger als die Wachsplatte ist. Dann klebst du ihn am unteren Ende, da wo er nicht angezündet wird, mit einem kleinen Stückchen Wachs fest, damit er nicht verrutschen kann.
Jetzt rollst du die Wachsplatte langsam auf und drückst die Kante fest. Zum Schluss brauchst du nur noch den Docht zu kürzen. Er sollte nicht länger als 1 cm aus dem Wachs herausschauen. Nun drückst du die Kerze oben nochmals mit den Fingern fest zusammen. So bleibt der Docht in der Mitte.

20. Dezember

Du brauchst:
Bienenwachsplatten,
Docht (Bastelladen),
Schere

21. Dezember

Ein Gedicht, das schon Weihnachten ankündigt

Es war einmal eine Glocke,
die machte baum, baum …
Und es war einmal eine Flocke,
die fiel dazu wie im Traum …

Die fiel dazu wie im Traum …
Die sank so leis hernieder,
wie ein Stück Engleingefieder
aus dem silbernen Sternenraum.

So leis als wie ein Traum …
Und als vieltausend gefallen leis,
da war die ganze Erde weiß,
als wie von Engleinflaum.

Christian Morgenstern

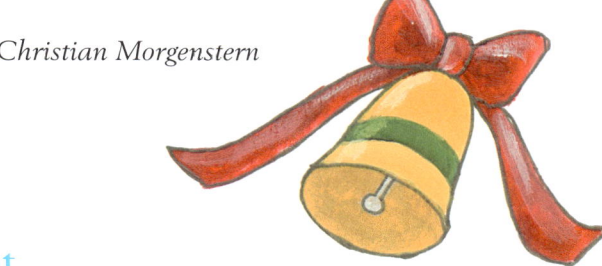

Winter-Unsinnsgedicht zum Auswendiglernen

Was, liebe Frau Bas?
Wenn's regnet, wird's nass,
wenn's schneit, wird's weiß.
Wenn's g'friert, so gibt's Eis.
Ja, liebe Frau Bas,
der Fuchs ist kein Has,
und der Has ist kein Fuchs,
und du bist nix nutz!

22. Dezember

168

Gewusst wie: Schnelles Weihnachtsgeschenk

23. Dezember

Du brauchst:
1 dünnen Kartonstreifen (ca. 20 cm lang, 4 cm breit), Schere, Klebstoff, selbstklebende durchsichtige Folie, Wolle oder Schleifenband, Locher

24. Dezember

So geht's: Schneide ein paar Bilder aus, z. B. einen kleinen Weihnachtsmann, einen kleinen Engel, eine Glocke usw. Klebe diese Bilder auf beide Seiten des Kartons. Loche eine Seite mit einem Locher und ziehe ein Band oder bunte Wollfäden durch. Wenn du das Lesezeichen jetzt noch mit selbstklebender Folie überziehst, wird es haltbarer.

Stille Nacht

Text: Joseph Mohr
Melodie: Franz Gruber

1. Stille Nacht, heilige Nacht! Alles schläft, einsam wacht nur das traute hochheilige Paar. Holder Knabe im lockigen Haar, schlaf in himmlischer Ruh! Schlaf in himmlischer Ruh!

2. Stille Nacht, heilige Nacht,
   Hirten erst kundgemacht!
   Durch der Engel Halleluja
   tönt es laut von fern und nah:
   Christ, der Retter, ist da!
   Christ, der Retter, ist da!

3. Stille Nacht, heilige Nacht,
   Gottes Sohn, o wie lacht.
   Lieb aus deinem göttlichen Mund,
   da uns schlägt die rettende Stund',
   Christ, in deiner Geburt!
   Christ, in deiner Geburt!

Die Dezember-Geschichte vom Bauernhof

Zusammen mit Paul und Susi hat Papa im Wäldchen hinter dem Bauernhof eine kleine Fichte ausgesucht. Sie soll ihr Weihnachtsbaum werden. Zu dritt tragen sie die Fichte ins Wohnzimmer und schmücken sie mit Kerzen, Kugeln und goldenen Sternen.

„Noch nie hatten wir einen so schönen Weihnachtsbaum", sagt Susi. Vielleicht finden das auch Minz und Bobby. Minz wetzt ihre Krallen am Stamm und Bobby legt sich unter den glitzernden Weihnachtsbaum und schläft ein bisschen.

Susi und Paul dürfen die Krippe aufbauen. Das kleine Christkind legen sie in das Stroh, rechts und links davon stehen Maria und Josef, und dahinter Ochs und Esel. Vor dem Stall grasen viele Schafe und ein paar kleine Ziegen. Plötzlich fängt Paul an zu weinen.

„Was ist denn?", fragt Mama erschrocken.

„Unsere Tiere dürfen gar nicht mit uns Weihnachten feiern wie die an der Krippe", schluchzt Paul. „Wir freuen uns auf Weihnachten und sie nicht."

„Paul, weißt du was?", sagt Susi. „Wir gehen jetzt durch die Ställe und wünschen einfach allen unseren Tieren frohe Weihnachten."

„Genau!", ruft Paul. „Wir bringen ihnen auch was mit. Für Dicke und Pippo einen Apfel, für Rosa und ihre Kinder ein paar Kartoffelschnitze, für die Kühe, die Schafe und die Ziegen eine Handvoll Heu, für die Hühner Kresse vom Fenstersims …"

„O nein!", ruft Mama. „Die Kresse brauche ich zum Kochen."

„Nur ein bisschen, weil doch Weihnachten ist", bettelt Paul. Mama seufzt und nickt.

Susi und Paul ziehen los. Sie streicheln die Tiere und wünschen ihnen frohe Weihnachten. Nur die Hühner wollen nicht so gern gestreichelt werden.

„Und jetzt", sagt Paul, als er und Susi zurück ins warme Haus gehen, „ist richtig Weihnachten!"

170

26. Dezember

Das Märchen vom Sterntaler

Es war einmal ein kleines Mädchen, das ganz allein auf der Welt war, weil es keine Eltern mehr hatte. Nicht einmal ein Zimmer hatte es mehr, in dem es wohnen konnte. Es besaß nur noch die Kleider, die es am Leib trug, und ein Stück Brot, das ihm eine mitleidige Frau geschenkt hatte. Und weil es nirgends mehr hingehörte, ging es in die Welt hinaus. Aber trotz allem hatte das kleine Mädchen noch ein fröhliches Herz und dachte, dass ihm der liebe Gott schon helfen würde.

Als es so entlangging, kam ein armer Mann, der sagte: „Ach, gib mir etwas zu essen. Ich bin so schrecklich hungrig." Da gab ihm das kleine Mädchen sein Stück Brot. Bald darauf kam ein Kind und jammerte: „Mich friert es so schrecklich am Kopf!" Da zog das kleine Mädchen seine Mütze aus und gab sie dem Kind. Und als es wieder eine Weile weitergegangen war, kam ein Bub, der weinte, weil er sein Hemd verloren hatte. Da zog das kleine Mädchen sein eigenes aus und gab es ihm. Bald darauf hörte es, wie jemand im Wald schluchzte. Es war ein Kind, das so arm war, dass es keinen Rock mehr hatte. Weil es schon dunkel war, dachte das kleine Mädchen: „Es sieht dich niemand, so kannst du auch noch deinen Rock herschenken." Und das tat es auch.

Nun hatte das kleine Mädchen gar nichts mehr auf dem Leib und der kalte Wind blies es ordentlich durch. Und wie es da so stand, mitten in der Nacht, fielen auf einmal Sterne vom Himmel herab und wurden zu silbernen Talern. Und da merkte das kleine Mädchen, dass es ein langes, schönes Kleid anhatte, das auch vom Himmel heruntergekommen war. Jetzt musste es nicht mehr frieren. In dieses Kleid sammelte es die silbernen Taler. Und diese silbernen Taler waren so viel wert, dass das kleine Mädchen genug Geld für sein ganzes Leben hatte und nie mehr hungern musste.

Scherzfragen

27. Dezember

Welcher Hut hat keinen Rand,
welcher König hat kein Land?
Welcher Mann hat keine Frau,
welcher Fuchs hat keinen Bau?
Welche Frau pflückt keine Rosen,
welcher Mann trägt keine Hosen?

Fingerhut, Zaunkönig,
Hampelmann, Fuchs (Pferd),
Seejungfrau, Schneemann

Gedicht vom Krokodil

Ich bin ein altes Krokodil
und leb dahin ganz ruhig und still.
Bald in dem Wasser, bald zu Land
am Ufer hier im warmen Sand.

Gemütlich ist mein Lebenslauf.
Was mir in Weg kommt, fress ich auf,
und mir ist es ganz einerlei,
in meinem Magen wird's zu Brei.

Schon hundert Jahre leb ich jetzt,
und wenn ich sterben muss zuletzt,
leg ich mich ruhig ins Schilf hinein
und sterb im Abendsonnenschein.

Franz Graf Pocci

Winterlied

A, a, a, der Winter, der ist da.
Herbst und Sommer sind vergangen,
Winter, der hat angefangen.
A, a, a, der Winter, der ist da.

E, e, e, er bringt uns Eis und Schnee.
Malt uns gar zum Zeitvertreibe
Blumen an die Fensterscheibe.
E, e, e, er bringt uns Eis und Schnee.

I, i, i, vergiss die Armen nie!
Wenn du liegst in warmen Kissen,
denk an die, die frieren müssen!
I, i, i, vergiss die Armen nie.

O, o, o, wie sind die Kinder froh!
Können sich im Schnee jetzt tollen,
einen dicken Schneemann rollen.
O, o, o, wie sind die Kinder froh.

U, u, u, jetzt weiß ich, was ich tu!
Hol den Schlitten aus dem Keller,
und dann geht es schnell und schneller.
U, u, u, jetzt weiß ich, was ich tu.

ABC im Dezember

30. Dezember

Als letzter Buchstabe ist das Z dran. Male noch mal ein Bild – vielleicht ein Zebra – und schreibe den Buchstaben dazu.

Zicke, zacke, Zwiebelbrei,
zwiesel, zwasel, Zauberei.
Zicke, zacke, zaus –
und du bist raus.

Regina Schwarz

Silvester

31. Dezember

Heute ist der allerletzte Tag im alten Jahr. Der heilige Silvester wurde im Jahr 314 nach Christus der erste Papst in Rom. Er ist auch der Patron für das neue Jahr, das jetzt kommt, und der Patron für alle Haustiere.

Doch in der Silvesternacht geht es nicht immer heilig zu, wie es dem heiligen Silvester sicher am besten gefallen hätte. Vielmehr wird mit viel Lärm und Spektakel das neue Jahr begrüßt. Was man in der Silvesternacht träumt, geht angeblich in Erfüllung. Und wie das neue Jahr wird, erfährt man durch Wachs- und Bleigießen. Aber das stimmt natürlich nicht. Niemand kann in die Zukunft sehen. Aber wir können uns alle wünschen, dass das neue Jahr gut wird.

Register

Schön, wenn man etwas darüber weiß ...

Gedichte

Quellen

Hans Baumann, *Gedicht vom Ferienkoffer*, © Elisabeth Baumann.
Josef Guggenmos, *Was gackern die Hühner, Die Tiere machen Karneval*, © Autor.
Peter Hacks, *Der Herbst steht auf der Leiter*, aus: ders., Der Flohmarkt, © Eulenspiegel Verlag, Berlin, 2001.
Friedl Hofbauer, *Was lernt der Löwe in der Schule*, © Autorin.
Klaus W. Hoffmann, *Dann ist der Frühling endlich da*, © Autor
Christa Holtei, *Was ist im Februar alles los?*, aus: dies., Das große Familienbuch der Feste und Bräuche, © Autorin.
James Krüss, *Hundertzwei Gespensterchen, Ameisenkinder*, aus: ders., Der wohltemperierte Leierkasten, © C. Bertelsmann Jugendbuch Verlag, München in der Verlagsgruppe Random House GmbH.
Rosemarie Künzler-Behncke, *99 Osterhasen*, aus: dies., 99 Osterhasen tanzen auf dem grünen Rasen, © 2005 Annette Betz Verlag im Verlag Carl Ueberreuter, Wien-München.
Rosemarie Künzler-Behncke, *Die heiligen drei Könige haben es schwer, Jeden Abend im April, Mein Hund ist weggeflogen, Herr Tausendfuß hat seine Socken*, © Autorin.
Ortfried Pörsel, *Kniffelfragen*, aus: Rätselbude Nr. 3, © Autor.
Regine Schwarz, *Buchstabengedichte (A–Z), Fragen über Fragen – kannst du sie beantworten?, Unsinnsgedicht zum Auswendiglernen, Stolpergedicht, Verflixt vergnügter Hexentag, Versteck für ein Geburtstagsgeschenk, Wen du brauchst, Mein Wunsch, Vorfreude.* © Autorin.
Franz Wittkamp, *Du bist da und ich bin hier*, aus: Hans-Joachim Gelberg (Hrsg.), Großer Ozean, © Beltz & Gelberg in der Verlagsgruppe Beltz, Weinheim & Basel.
Franz Wittkamp, *Wenn der Bär verreisen will*, aus: ders., Ich glaub, dass du ein Vogel bist, © Beltz & Gelberg in der Verlagsgruppe Beltz, Weinheim & Basel.

Bibliografische Information der Deutschen Nationalbibliothek
Die Deutsche Nationalbibliothek verzeichnet diese Publikation in der Deutschen Nationalbibliografie; detaillierte bibliografische Daten sind im Internet über http://dnb.d-nb.de abrufbar.

© 2009 Patmos Verlag GmbH & Co. KG
Sauerländer, Düsseldorf
Alle Rechte vorbehalten
Umschlaggestaltung: h—pinxit und Isabel Thalmann unter Verwendung von Illustrationen von Tina Schulte
Printed in Poland
ISBN 978-3-7941-7614-4
www.sauerlaender.de